이민자를 위한 대한민국^{임대주택}은 없다

글 정동훈 이재혁 손녕희

이민자를 위한 ~~임대주택~~ 대한민국은 없다

임대주택 공실 6만 호…. 누구를 위한 빈집인가?

좋은땅

들어가는 글

필자는 도시계획 및 임대주택 관련 업무를 수행하며, 반월시화공단의 임대주택 입주 수요를 조사한 경험이 있다. 하지만, 공단에 입주한 기업 대표들과 근로자들과의 면담에서는 모두가 "필요 없다"는 충격적인 답변만 들려왔다.

기업주는 "어차피 한국인 근로자, 특히 청년층은 이런 제조 현장에 오지 않는다. 우리도 R&D를 하고 싶어도 4년제 공대 졸업생 한 명 구하기 쉽지 않다. 또한, 한국 근로자의 경우 도심 내 거주를 원하지 삭막한 산업단지 내에 거주하려는 사람은 없다. 그런데 임대주택이 왜 공단 내에 필요하겠나?"라고 나에게 되물었다. 비교적 젊은 근로자와의 만남에서도 "차로 10분이면 시내인데 여기서 어떻게 사나? 아이 교육 문제도 있다"라는 답변이 돌아왔다.

대다수 기업주는 "중소기업의 제조 현장은 이미 외국인 근로자로 바뀐 상황이니, 그에 맞는 정책이 나와야지 '직주근접'이라는 책에나 나오는 시답잖은 소리로 이상한 예산 낭비는 이제 그만했으면 좋겠다"라는 핀잔만 주었다.

산업단지에 종사하는 외국인 근로자의 다수는 고용주가 임대한 원룸에 2인 또는 3인씩 거주하며, 삼시 세끼를 공장에서 해결하는 경우가 많았다. 고용주 입장에서는 근로기준법상의 임금과 4대 보험 외

외국인 근로자를 재우고 먹이는 추가적인 비용이 들어가는 것에 대한 불만과, 원룸 하나에 집단적으로 거주하면서 생기는 문제(음주 후 무단결근 등)에 대한 불안감을 느낀다는 것을 알게 되었다. 정부의 기업에 대한 지원은 주로 자금 융자, 세제 감면 및 R&D 비용 지원에 국한되어 있다. 정작 기업들은 노동력의 대다수를 차지하는 외국인 근로자에 대한 정부의 실질적인 지원이 절실하지만, 이는 찾아볼 수 없었다.

필자가 작성한 수요조사 보고서는 이러한 현장의 목소리를 담았지만, "외국인은 공공임대주택의 입주 대상이 아니다"라는 답변만 돌아왔을 뿐이다.

이러한 경험이 있은 지 수년이 지난 지금, 우리는 심각한 인구소멸이라는 사회적 문제에 직면해 있다. 외국인 근로자에 대한 의존은 높아지고 있으나 여전히 외국인에게 배타적인 임대주택 정책을 보면서, 나의 경험과 생각이 조금이라도 미래 대한민국에 도움이 되었으면 하는 마음으로 관련 분야에서 활동하고 있는 지인들과 이 책을 집필하게 되었다.

대표 저자 **정동훈**

목차

들어가는 글

서문   10
단일민족을 넘어, 다양성 사회로 전환이 필요한 시대

1부. 영화 속 이민자의 모습과 현실

1. 외국인 주거지를 배경으로 한 영화들   16
   영화가 만들어 낸 낙인효과
   「범죄도시」의 대림동과 「황해」의 원곡동

2. 우리 선조도 이민자였다   24
   하와이 디아스포라: 생존과 가난의 탈출구
   독일의 광부와 간호사: 국가 주도 외화벌이
   아메리칸 드림의 가족 서사: 영화 「미나리」

3. 복지국가 스웨덴의 변곡점   33
   난민·이주 정책의 확장과 제도 변화
   주거·교육·노동의 분리 구조와 경계적 현상의 누적
   '낙인의 프레임'에서 '공존의 설계'로

2부. 외국인의 다른 이름들
— 관광객, 외국인 근로자, 이주민

1. 글로벌 코리아, 한국 속의 외국인   46
   한국을 찾는 외국인
   인구 대비 외국인 5% 이상 사회의 의미
   외국인 노동자 → 이주노동자/이주민으로의 용어 전환

2. 이주노동자의 꿈과 현실   60
   '코리안 드림'의 형성과 현실적 이질감
   산업연수생 → 고용허가제: 정책 전환의 궤적
   업종별 구조: 한국 경제의 숨겨진 기반
   성공 스토리: 이주민의 경제적 자립과 공동체 형성

3. 이방인의 한국 정착기   80
   울산 아프간 난민의 정착: 인도주의와 현실 사이의 시험대
   안산 원곡초: 다문화 교실의 실험
   화성 발안만세시장: '작은 아시아'의 경제적 공존
   광주 고려인 마을의 자조 네트워크: 경계인의 귀환과 연대

4. 인구소멸 시대의 이주민   93
   '우리끼리'에서 '함께 살기'로의 인식 전환
   가족·젠더·세대의 다양화: 한국 사회 재생산의 새로운 형태
   지역소멸 대응과 이민정책의 정합성: 주민으로의 정책 전환

3부. '사장님 나빠요' 이후 20년
— 혐오에서 상호의존으로

1. 이주노동자에 대한 인식 변화   104
   '블랑카'가 던진 질문과 변화
   일본보다 한국을 선택하는 요인들
   다문화 일상화와 인식 전환

2. 이주노동자 vs 한국인 노동자:
   모두가 불만족한 구조적 비평등   114
   모두가 불만족한 임금과 복지 구조
   가처분소득 역전의 경로: 구조적 비용 분담의 불균형
   지역·업종·규모별 편차와 교차효과

3. 이주노동자가 사라지면 멈추는 것들   121
   제조·건설·농축수산의 필수노동
   생활서비스·돌봄·외식·물류의 연쇄효과

4부. 함께 사는 길 — 열린 공공임대주택으로

1. 외국인을 배척하는 공공임대주택 변화가 필요하다   128
   집은 부족하다는데 공실은 늘어나는 현실
   복잡한 임대주택제도 변화가 필요하다
   공공임대주택의 빈자리를 외국인 근로자에게

  기업과 노동자가 모두 이익을 얻는 길
  외국인 근로자, 지방소멸 시대의 대안

 2. 함께 살기 위한 변화: 단일민족 신화를 넘어 공존으로   152
  단일민족 신화에서 다문화 현실로
  이주민 집단화에 대한 경계를 넘어야 할 때
  다문화 사회에 대한 대한민국의 책임

 3. 공공임대주택을 활용한 변화의 첫걸음   163
  모두에게 열려 있는 새로운 기준
  거주지 중심의 언어, 복지, 돌봄 서비스
  임대주택을 통한 K-워킹홀리데이 활성화

5부. 이민자를 포용하는 대한민국으로 변화할 시기

 1. 이민자는 영화 속 빌런이 아니다   176

 2. 왜 이주민과 이주노동자인가   180

 3. 미래 도시의 성공 조건   183

서문

단일민족을 넘어, 다양성 사회로 전환이 필요한 시대

대한민국은 지금 거대한 전환점에 서 있다. 인구 감소와 노동력 부족은 더 이상 먼 미래의 이야기가 아닌 현재의 절박한 과제다. 이 과정에서 이주노동자와 이주민은 우리 사회의 생존과 직결되는 중요한 주체로 부상했다. 그러나 한국 사회가 이들을 대하는 태도는 여전히 배타적이고 이중적이다.

이재명 대통령은 제80차 유엔총회 기조연설에서 매우 중요한 언급을 하였다.

"대한민국은 유엔이 표방하는 자유와 인권, 포용과 연대의 가치를 굳건하게 수호하는 글로벌 책임 강국으로서의 역할을 다해 나갈 것입니다. 대한민국에 거주하는 내외국인 모두가 사회의 동등한 구성원으로서 삶의 모든 현장에서 존중받을 수 있도록, 제도와 문화를 더욱 발전시켜 나갈 것입니다.

대한민국은 인권 존중의 가치를 실현하면서 국제사회와의 협력을 강화하고 또 주도해 갈 것입니다." (외교부, 제80차 유엔총회 기조연설 전문 인용, 2025.9.23)

이재명 대통령은 민주주의를 회복한 한국이 이제 더 나은 미래를 꿈꾸며, 내외국인 모두를 동등한 사회 구성원으로 존중하겠다고 선언했다. 한국 사회가 이주민·노동자를 '부차적 존재'가 아닌 동등한 시민적 주체로 인식하는 패러다임 전환을 공식화했다는 의미다. 그러나 이 약속이 국내 현실에서 실효성을 가지려면, 단속과 차별이 여전히 우위를 점하는 제도적 관성과 사회적 불안을 넘어야 한다. 정책적 선언은 감동적일 수 있으나, 실행력이 뒷받침되지 않는다면 오히려 더 큰 불신을 낳을 수 있다.

 이재명 대통령의 유엔 연설 불과 8일 전, 미국 조지아주 한국 기업의 배터리 공장에서 한국인 근로자 300여 명이 불법체류자로 몰려 쇠사슬에 묶여 체포되는 충격적인 사건이 발생했다. 최근 K-반도체, K-문화 등을 통해 국제적 위상이 높아졌다고 느끼던 우리 국민들에게는 이해하기 힘든 사건이었다.
 하지만, 우리가 조지아주 한국인 근로자 체포 사태를 보며 미국에게 분노하고 있을때 우리나라에서도 비슷한 외국인에 대한 탄압이 일어나고 있었다. 「주간조선」이 보도한 내용에서는 외국인 근로자들을 대상으로 한 무차별적 단속이 일상적으로 이뤄지고 있으며, 체류 자격과 신분 점검이라는 명분 아래 과도한 행정적 제재가 가해지는 행태가 벌어지고 있었다(주간조선, 2025.9.20). 단속은 종종 불시에 진행되고, 언어적 장벽에 가로막힌 노동자들은 절차적 권리를 보장받지 못한 채 불안과 불이익을 감수해야만 한다. 합법적 체류 신분을 가진 노동자들조차 언제 단속의 대상이 될지 모른다는 불안 속에서 살아가야 하는 것이 현실이다. 더 나아가 법적 단속보다 더 깊이 작동하는 것은 일상의 낙인과 시선이다. 외국인 근로자는 공동체의 동등한 구성원으로 인정받지 못한 채 '잠재적 불법 체류자'로 고정되고, 주거·노동·교육·의료 등 삶의 모든 국면에서 보이지 않는 장벽에 부딪히고 있다.

오늘날 한국 사회는 두 가지 불안을 동시에 안고 있다. 하나는 인구 감소와 노동력 부족으로 인한 생존의 위기이고, 다른 하나는 다문화·이주민의 정착과정에서 발생하는 갈등과 배제다. 이 두 과제를 풀어내지 못한다면, 국제사회에서 약속한 인권과 포용의 가치는 공허한 외침에 불과하다. 이미 미국에서 한국인 노동자들이 겪는 단속과 차별의 경험은, 우리가 외국인 근로자들에게 되돌려주는 모습과 거울처럼 겹친다. 타국에서 한국인이 당하는 부당함을 안타까워하면서, 정작 국내에서는 같은 행위를 반복한다면 이는 도덕적 모순이며 국제적 신뢰의 훼손이 될 것이다.

『이민자를 위한 대한민국 임대주택은 없다』는 이러한 모순과 괴리를 드러내는 작업에서 출발한다. 이 책은 단순히 외국인 근로자의 권익 향상을 호소하는 데서 멈추지 않는다. 국가가 국제무대에서 선포한 비전과 국내 현장의 불일치, 제도와 문화 사이의 간극, 그리고 평등정책의 비효과성에 대한 우려를 정면으로 마주하려 한다. 궁극적으로 이 책은 한국 사회가 '노동력으로서의 이민자'를 넘어서, '함께 살아가는 이웃으로서의 이주민'을 어떻게 맞이할 수 있을지를 모색한다. 차별을 고발하는 데서 끝나지 않고, 다양성과 공존의 패러다임 전환을 통해 대한민국의 미래를 재구성하려는 것이 바로 이 책의 취지다.

외국인 근로자 vs 이주노동자 어떤 용어가 맞을까?

- **외국인 근로자(법률적 용어):** 외국인 근로자는 주로 노동력을 받아들이는 수용국의 관점에서 사용되는 법률적 용어입니다. 이 용어는 대한민국 국적을 가지지 않은 사람으로서 국내 사업장이나 사업장에서 임금을 목적으로 근로를 제공하거나 제공하고자 하는 사람을 지칭합니다. 이는 「외국인근로자의 고용 등에 관한 법률」과 같은 국내 법률에서 공식적으로 사용되고 있습니다.

※ 외국인 노동자(약칭 '외노자')는 비법정용어로 사용하지 않거나 자제하는 것이 바람직합니다.

- **이주노동자(인권적 용어):** 이주노동자(Migrant Worker)는 국제적으로 통용되는 용어로, 노동을 목적으로 자신의 모국을 떠나 다른 국가로 이주한 사람이라는 의미를 강조합니다. 이는 노동력을 보내는 송출국과 노동력을 받는 수용국 모두에서 사용할 수 있는 포괄적인 개념입니다. 이 용어는 단순히 '외국인'이라는 국적 구분을 넘어서, 노동을 위한 '이주'라는 이동 및 체류의 특성과 더불어 이들이 마땅히 누려야 할 '노동자로서의 인권'을 강조하는 관점을 담고 있습니다. 실제로 유엔(UN)의 「이주노동자 권리협약」 등 여러 국제 규약에서도 공식적으로 사용됩니다.

이 책에서는 두 용어를 문맥에 맞게 혼용하여 사용하고자 하였습니다. 법적부분에서는 주로 외국인 근로자를 사용하고, 인권이나 일상생활을 다루는 부분에서는 이주노동자 또는 이주민으로 사용하였습니다.

1부

영화 속 이민자의 모습과 현실

1　외국인 주거지를 배경으로 한 영화들

2　우리 선조도 이민자였다

3　복지국가 스웨덴의 변곡점

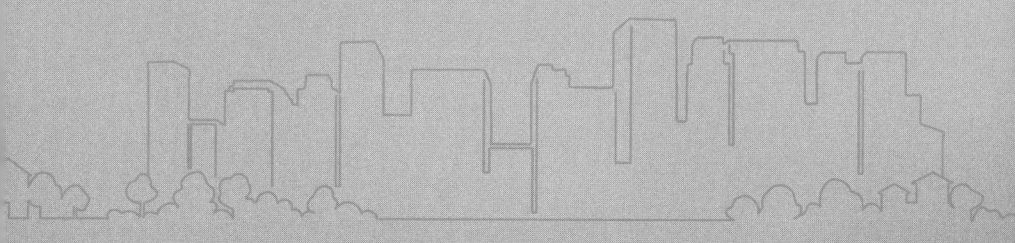

1. 외국인 주거지를 배경으로 한 영화들

영화가 만들어 낸 낙인효과

대중영화는 낯선 동네를 처음 만나는 창이 된다. 화면은 좁은 골목, 외국인 집단 거주지, 다국어 간판을 빠른 움직임으로 밤 시간대와 엮어 보여 준다. 이러한 요소들은 이 공간을 "조심해야 할 경계의 공간"으로 인식하게 만든다. 관객은 직접 가 보지 않아도 이미지를 내면화하고, 그 이미지는 일상의 다양한 풍경(장보기, 등하교, 예배, 단골과 인사)을 가리는 대신 위험과 단속의 표정을 앞세운다. 아래의 사례들은 흥행작 속 특정 장면을 정보 중심으로 정리해, 무엇이 반복적으로 비치고 무엇이 빠지는지, 그 결과 어떤 낙인효과가 생기는지를 보여 준다.

가리봉 동네의 밤 — 「범죄도시」(2017, 마동석·윤계상)

서울 가리봉의 시장 골목. 비가 그친 밤, 물기가 남은 바닥과 다국어 간판이 프레임을 채운다. 장첸(윤계상)이 뒷골목을 지나고, 형사 마석도(마동석)가 맞은편에서 접근한다. 짧은 대치와 제압이 이어지는 동안 카메라는 밤·좁은 골목·외국어 간판·폭력을 한 화면에 고정한다.

장첸이 고개를 살짝 기울이며 낮게 던졌다. "[장첸] 여기, 우리 구역이야." 그러자 마석도가 한쪽 입꼬리를 올렸다. "[마석도] 구역? 선은 네가 먼저 넘었지." 뒤편에서 젖은 슬리퍼 소리, 철문이 덜컹거리는 금속음, 누군가 당황해 내지르는 외국어의 단음들이 한꺼번에 골목을 채웠다. 이 조합은 장소 자체를 위험의 기호로 만든다. 그러나 같은 골목의 낮—가게 주인과 단골의 흥정, 택배 적재, 아이들 하교—은 서사의 외곽으로 밀린다. 결과적으로 관객의 기억에는 "가리봉=상시 긴장"이라는 등식이 먼저 자리 잡는다.

대림동의 계단과 추격 — 「청년경찰」(2017, 박서준·강하늘)

영등포 대림동 일대 어딘가의 지하 계단. 붉은 조명 아래 기준(박서준)과 희열(강하늘)이 좁은 통로를 따라 사건을 뒤쫓는다. 화면은 계단의 각도와 저음의 금속음을 반복해 치안 공백의 감각을 만든다. 아래층에서 검은 승합차의 문이 벌컥 열리며, 젊은 여성이 비명도 제대로 지르지 못한 채 안으로 끌려 들어갔다. "[기준] 봤지? 지금 데려가는 거야." "[희열] 증거가 없어. 여기선 우리가 약자야." 두 사람이 시선을 주고받는 동안, 한쪽에서 문을 닫던 노상점 주인이 낮게 말했다. "여긴 들어가면 안 돼요. 괜히 다쳐요." 복도 끝 뿌연 형광등 아래에서 여러 명의 실루엣이 한 덩어리 그림자로 뭉친다. 이름은 잘 불리지 않고, 국적은 어지러운 한자간판과 연변 억양이 대신 말한다. 이때 관객은 "이곳은 경찰조차 망설이는 구역"이라는 느낌을, 설득이라기보다 체험처럼 받아들인다.

장면의 구성상 인물들은 집단적 실루엣으로 처리되고, 이름과 일상의 맥락은 짧다. 관객은 "그 동네는 위험해서 경찰도 망설인다"는 이미지를 빠르게 학습한다.

차이나타운의 미장센 — 「차이나타운」(2015, 김혜수·김고은)

인천 차이나타운 경사로와 네온 간판. 조직 보스 엄마(김혜수)와 일영(김고은)의 사채 회수가 반복된다. 차이나타운을 상징하는 중국식 인테리어와 붉은 조명은 곧 성격이 되고, 차이나타운은 사채와 폭력의 무대로 표상된다.

이 영화에서 차이나타운은 단순한 장소가 아니다. 중국풍의 장식과 색, 후미진 골목의 굴곡과 계단의 각도가 모두 공간의 미지를 표현하는 수단으로 동원된다. 영화를 보는 동안 관객은 '차이나타운은 모든 사람들이 사채 쓰고 폭력이 일어나도 당연한 곳'이라는 인상을, 논증 없이도 설득당한다. 장소는 이미 성격이 되어 있었고, 그 성격은 인물들의 말보다 더 큰 목소리로 관객을 지배한다. 실재 지역의 상업·거주·관광의 일상은 배경으로만 지나가며, 관객의 기억에는 "차이나타운=범죄 정거장"이라는 단색 이미지가 남는다.

김혜수가 연기한 조직의 수장('엄마')은 이렇게 말한다.

"여기선 피보다 돈이야."

이 말은 차이나타운의 규칙, 즉 가족 대신 거래로 이어진 관계를 암시한다. "차이나타운"이라는 지명 대신, "밖에서 온 사람들"이라는 은유로 장소에 대한 이미지를 대신하고 있다. 후반부에도 "차이나타운"이 직접 언급되기보다는, 일영이 "밖으로 나가고 싶다", "여기서 벗어나고 싶다"는 식의 대사를 하며 이 공간을 '도시 내의 일부가 아닌 별도의 도시'로 인식하고 있음을 보여 준다.

「범죄도시」의 대림동과 「황해」의 원곡동

영화는 종종 현실을 압축해 보여 준다. 2017년 개봉한 범죄도시 속 대림동은 관객들에게 '조선족 타운' 혹은 '중국동포 밀집지'라는 이미지로 각인됐다. 좁은 골목길과 붉고 노란 한·중어 간판, 길가에 늘어선 노점과 식당 풍경은 영화적 장치이면서 동시에 실제 대림동의 일상 그 자체다.

1980~90년대 한국의 산업화 과정에서 저임금 단순노동을 담당할 내국인이 줄어들자, 정부는 외국인 근로자 유입을 사실상 허용했다. 특히 봉제, 구두, 금속 가공업 등 소규모 제조업체가 몰려 있던 구로공단, 가리봉, 대림동 일대는 값싼 임금으로 일할 노동자를 필요로 했다. 이에 따라 1990년대부터 중국 동포(조선족)를 중심으로 한 외국인 근로자들이 대림동에 정착하기 시작했다.

대림동은 1990년대 후반 이후 중국동포 유입이 본격화되면서 인구 구조가 빠르게 변화했다. 서울 서남권의 대표적인 저소득층 주거지였던 대림동은 다세대·다가구 주택이 많아 집세가 저렴했다. 이는 외국인 근로자, 특히 초기 정착 단계의 이주민들에게 부담이 적은 주거지였기 때문에 자연스러운 선택지가 되었다. 주거지가 모이며 '이민족 집단 거주지' 형태로 중국 동포 상권과 주거지가 확산되었다. 이미 정착한 선배 이주민이 친척이나 지인을 불러들이는 소위 '입소문 이주' 현상이 나타났다. 대림동 일대에는 중국 동포 교회, 중국 식당, 조선족 마트, 중국식 학원 등 커뮤니티 인프라가 빠르게 형성되었고, 언어, 음식, 문화적 유사성이 강화되자 중국 동포 이외의 외부 이주민까지 대림동을 '첫 거점'으로 선택하게 되었다.

경기 안산시 원곡동은 '다문화 1번지'로 불린다. 영화 「황해」의 일부 장면 배경이기도 한 이곳은 대림동보다 훨씬 높은 외국인 거주 비율을 기록한다. 2023년 원곡동의 외국인 주민 비율은 약 78%에 달했으며, 일부 구역은 80%를 넘어섰다. 베트남, 몽골, 우즈베키스탄, 방글라데시, 파키스탄 등 40여 개국 출신이 출신이 모여 사는 곳이다.

원곡동의 변화는 인근 반월·시화 국가산업단지와 맞물려 있다. 노동자들이 도보와 버스로 출퇴근하기 좋은 입지 덕분에 직주근접형 주거지로 자리 잡았다. 초기에는 내국인 저소득층과 산업연수생이 함께 거주했지만, 2000년대 중반 이후 내국인의 이탈과 외국인의 집중이 빠르게 진행되었다. 외국인 근로자들이 이 공간에 대거 입주하면서 원곡동 일대에는 외국인 전용 식당, 상점, 국제 송금소, 휴대폰 가게 등이 생겨나며 독자적인 외국인 상권이 형성되었다.

안산시는 2010년 원곡동을 '다문화특구'로 지정하여 다문화거리, 외국인 지원센터, 축제를 운영했다(2009.5.14 지정, 당시 외국인 비율 약 40%). 하지만 이러한 정책은 지역 이미지를 '관광지'로 소비하는 데 치중했을 뿐, 정작 주거, 교육, 고용의 통합 정책은 미흡했다는 평가를 받는다.

하지만 이미 특구 지정 이전부터 원곡동에는 각국의 교회와 모스크, 국제전화 가게, 미용실, 다언어 간판이 줄지어 있었다. 특구 지정은 이 다층적인 현실을 뒤늦게 제도화한 것에 불과했다. 2024년 현재, 원곡동 인구의 약 89%가 외국인으로 구성되어 있지만, 이곳은 여전히 관광지라기보다는 노동과 생활이 자연스럽게 교차하는 '생활 중심지'다. 주말이면 '다문화거리 축제'가 열리고, 평일에는 시장 골목마다 언어가 섞인 흥정 소리가 들린다. 낮에는 노동 상담소와 한국어 교실, 이주 아동 공부방이 문을 열고, 저녁이면 각국의 음식 냄새가 한데 어우러진다. 이 풍경은 꾸며서 만든 전시용 거리가 아니라, 서로의 일상이 겹치며 자연스럽게 조성된 삶의 터전이다.

원곡동은 '다문화'라는 단어가 유행하기 전부터 이미 다언어의 시장, 다문화 가정, 다종교의 거주지가 공존했던 곳이다. 이곳의 가치는 이국적 풍경이 아니라, 함께 살아가는 방식을 스스로 만들어 온 그 역사성에 있다. 행정이 세운 간판보다 앞서, 사람들의 노동과 생활이 이곳을 다문화의 실험실로 변화시켰다. 따라서 원곡동은 누군가 계획한 "다문화 특구"가 아니라, 세월 속에서 자연스럽게 자라난 공존의 마을이다.

2. 우리 선조도 이민자였다

하와이 디아스포라: 생존과 가난의 탈출구

하와이 이민은 한국 근대사의 격변 속에서 이루어진 첫 공식 해외 이민으로, 단순한 노동 이동을 넘어 민족의 생존과 독립 저항의 의미를 함께 담고 있는 사건이었다. 19세기 말 조선은 개항 이후의 불안정한 경제 구조, 끊임없는 흉년, 과중한 세금과 소작료로 인해 농민들이 몰락하고 있었다. 삶의 기반을 잃은 이들에게 바다 건너 새로운 땅은 희망처럼 보였다.

한편, 미국은 1898년 하와이를 병합한 이후 사탕수수 플랜테이션에서 일할 값싼 노동력을 절실히 필요로 했다. 이미 중국인과 일본인, 포르투갈인 노동자가 있었지만, 늘어나는 수요를 충족할 수 없었기에 대한제국으로 눈을 돌렸다. 미국 하와이 사탕수수협회의 요청과 대한제국 정부의 승인 아래, 1903

년 1월 13일 제물포항에서 첫 이민단이 출발했다. '갤릭호'를 탄 121명의 한국인이 그 주인공이었고, 이후 1905년까지 7천여 명이 하와이로 건너갔다. 이들은 대부분 몰락한 농민, 소작인, 생계를 이어 갈 길이 막막했던 사람들이었으며, 기독교 신앙을 가진 이들도 포함되어 있었다. 하와이에 도착한 한인들은 계약 노동자로 사탕수수 농장에 배치되었다. 하루 10시간이 넘는 고된 노동과 낮은 임금, 낯선 환경은 그들의 삶을 끊임없이 시험했다. 그러나 그들은 흩어지지 않고 교회를 세우고 한인학교를 만들며 공동체를 형성했다. 교회는 단순한 종교 공간을 넘어 교육과 상호부조의 중심지 역할을 했고, 이는 이민자들의 정체성을 지켜 주는 기반이 되었다.

더 나아가 하와이 한인 사회는 독립운동의 중요한 거점으로 성장했다. 안창호, 박용만 등 독립운동가들은 이곳에서 단체를 조직하고 모금 활동을 펼쳤으며, 이는 훗날 미주 한인 디아스포라의 민족운동 전통으로 이어졌다. 단순히 생계를 위해 떠난 노동 이주가, 결과적으로는 조국의 독립을 위한 투쟁과 연결된 것이다.

결국 하와이 이민은 가난과 생존의 문제에서 비롯되었지만,

동시에 민족 정체성과 저항의 기억을 새긴 사건이었다. 낯선 땅에서 뿌리내린 이들은 한국 근대사의 또 다른 길을 열었고, 오늘날 세계 곳곳에 퍼져 있는 한인 디아스포라의 출발점이 되었다.

독일의 광부와 간호사: 국가 주도 외화벌이

1960년대 파독 광부와 간호사의 해외취업은 한국 근현대사에서 가장 상징적인 장면 중 하나로 남아 있다. 전쟁의 폐허 속에서 1인당 국민소득이 100달러에도 미치지 못하던 시절, 한국 사회는 가난과 외화 부족이라는 이중의 압박에 시달리고 있었다. 경제개발을 추진하려면 반드시 자본이 필요했지만, 산업 기반이 취약했던 한국으로서는 이를 스스로 마련하기 어려웠다. 이런 상황에서 정부는 해외 노동력을 수출해 외화를 확보하는 전략을 선택했고, 그 대표적인 결과가 바로 서독으로의 광부와 간호사 파견이었다.

1963년 체결된 한·독 협정을 통해 수천 명의 한국인 광부가 독일 루르 지방의 석탄광으로 향했다. 그들은 지하 수백 미터 갱도에서 하루 열 시간 넘게 석탄을 캐며 위험한 환경 속에서 생계를 이어갔다. 언어도 통하지 않고 문화도 낯설었지만, 고국에서 벌 수 없는 임금이 있었고 그 돈을 가족에게 송금할 수 있다는 사실이 이들을 버티게 하는 힘이었다. 광부들의 땀방울은 단순한 개인의 소득을 넘어, 한국 경제 개발의 귀중한 외화

자원으로 전환되었다.

이와 거의 같은 시기, 한국인 간호사들도 독일로 파견되었다. 전후 독일 사회는 의료 인력 부족에 시달리고 있었고, 젊고 성실한 한국 여성들이 그 공백을 채웠다. 이들은 병원과 양로원에서 환자를 돌보며 현지 사회의 필수 노동력이 되었지만, 차별과 문화적 고립도 동시에 겪어야 했다. 그러나 그 경험은 이들에게 가족을 부양할 힘을 주었고, 귀국 후 한국 의료계 발전에 기여하는 기반이 되기도 했다.

파독 광부와 간호사의 해외 취업은 단순히 일자리를 찾아 떠난 개개인의 이야기가 아니었다. 개인에게는 생존과 가족 부양의 선택이었고, 국가적으로는 외화를 확보하여 경제 개발을 가능케 한 전략적 자원이었다. 무엇보다 이들의 삶은 한국인의 근면성과 성실함을 세계에 알리는 계기가 되었고, 동시에 해외에서의 차별 경험은 한국 사회가 훗날 이주민을 받아들이는 과정에서 되돌아볼 수 있는 거울이 되었다.

결국 파독 광부와 간호사는 가난한 나라의 국민이 세계로 나가 몸으로 벌어들인 돈으로 조국을 일으킨 세대였다. 그들의 희생과 헌신은 오늘날 한국 경제 성장의 숨은 토대였으며, 한국 이민사와 디아스포라 역사에서 빼놓을 수 없는 중요한 한 장을 이루고 있다.

아메리칸 드림의 가족 서사: 영화 「미나리」

영화 「미나리」는 '먼 데서 온 타인'의 영웅담이 아니다. 낯선 땅에서 하루를 어떻게 연결해 살아내는가에 관한, 아주 작은 생활의 기록이다. 아칸소의 들판에 도착한 네 식구는 바퀴 달린 컨테이너 주택에 짐을 내리고, 부모는 병아리 성별을 가리는 공장에 출근한다. 물길을 찾아주는 이웃(폴)과 거래처를 뚫으려 애쓰는 아버지(제이콥), 도시와 멀어 병원과 마트의 이용이 어려운 생활, 그리고 한국에서 건너온 할머니(순자)가 집 안의 질서를 바꾸는 풍경이 이어진다.

교회 주일학교에서 아이가 "너 어느 나라 말 하니?"라는 질문을 받는 순간, 동네의 친절과 초면의 무지(선입견)가 한 화면 안에서 중첩된다. 이 모든 장면은 "이주=위험" 같은 단정 대신 일, 집, 학교, 시장이 서로 얼마나 멀고 가까운지를 보여 준다. 영화가 택한 표현방식은 사건의 연속적 묘사가 아니라 생활에서의 괴리감이다.

「미나리」의 갈등은 인물의 성격보다 공간적 괴리감에서 비롯된다. 집은 도시에 비해 멀고, 물은 스스로 길어 내야 하며,

시장은 소개와 신뢰, 물류라는 얇은 인프라로 겨우 결된다. 병원, 학교, 가게, 교회가 하나의 시간표로 이어지지 않으니, 가족 내부의 불안은 쉽게 커진다. 결국 위기로 폭발하는 장면(창고 화재)은 악인의 등장 없이도 설명된다. '취약한 연결이 중첩되면 작은 실수도 큰 손실로 번진다'라는 구조적 리스크를 보여 준다.

그러나 영화는 다른 해법도 함께 보여 준다. 첫째, 이름이 불릴 때 관계가 생성된다. 교회 식탁에서 "데이비드"라고 호명하는 소리, 이웃이 "제이콥"의 농사 계획을 묻는 순간, 인물은 '외국인'이 아니라 동네 사람으로 자리 잡는다. 둘째, 낮에 마을 사람들과의 공간적 중첩을 보여 준다. 주일학교, 장터, 개울가라는 소박한 무대들이 반복될수록 가족은 동네의 일원이 된다.

이 서사는 오늘날 한국 도시에도 곧바로 대입된다. 이주 가정에게 가장 필요한 것은 거창한 구호가 아니라 '겹치는 동선'이다. 임대주택과 학교, 한국어교육과 돌봄, 지역의 도서관과 시장, 일자리가 있는 산업단지를 하나의 시간표로 이어지도록 설계하면, 위기 상황의 비용이 줄고, '이방인'은 자연스럽게 이웃이 된다. 서로의 이름을 불러 주고 시장, 도서관, 체육관에서의 짧고 잦은 만남을 만들어 주면, 어색했던 관계는 곧 초대로 바뀔 수 있다.

3. 복지국가 스웨덴의 변곡점

난민·이주 정책의 확장과 제도 변화

출입국·외국인정책본부 통계(2025년 8월 기준)에 따르면 국내 체류 외국인은 이미 272만 명을 넘어섰으며, 2025년 상반기에만 883만 명의 외국인 관광객이 한국을 찾았다(매일경제, 2025.7.31). 이러한 수치는 우리가 다양한 배경을 가진 외국인과 공존하고 동행하는 것이 더 이상 선택이 아닌 피할 수 없는 현실임을 방증한다.

앞으로 더 많은 외국인과의 삶의 공유가 필연적으로 다가오는 상황에서, 만약 이들을 새로운 이웃으로 포용하지 못한다면 어떠한 사회적 갈등이 촉발되고 우리의 일상적인 삶에 어떤 잠재적인 위협이 발생할 수 있는지 심도 있게 고찰할 필요가 있다.

다행히 우리보다 앞서 대규모 이주민을 수용한 선진국들의 사례가 존재한다. 이들 중 일부는 현명하게 통합의 과제를 해결해나가고 있지만, 안타깝게도 일부 국가에서는 심각한 사회적 문제와 갈등이 불거지기도 했다.

스웨덴은 오랫동안 유럽에서 가장 안정적이고 평등한 복지국가로 평가받아 왔다. 높은 조세를 기반으로 한 두터운 사회보장 제도, 무상의료와 교육, 그리고 광범위한 공공임대주택 정책은 이른바 '북유럽 모델'의 상징이었다.

스웨덴의 이민자 수용 역사는 사실 제2차 세계대전 직후까지 거슬러 올라간다. 전쟁으로 고통받은 유럽의 난민과 전쟁고아들이 스웨덴으로 유입되었고, 피해가 비교적 적었던 스웨덴은 이를 인도주의 차원에서 받아들였다. 당시 스웨덴은 전후 재건과 산업 성장기에 접어들면서 노동력이 절실히 필요했기에 이민자 유입은 국가 성장에 긍정적으로 작용했다.

1950~60년대에는 핀란드와 유고슬라비아, 이탈리아, 그리스 출신 노동자들이 대거 들어왔고, 이들은 제조업과 건설업 현장에서 산업 발전의 밑거름이 되었다. 1970년대에 들어서면서 스웨덴의 이민 정책은 노동력 유입에서 '난민 보호'로 무게중심이

이동했다. 칠레 쿠데타, 이란 혁명, 레바논 내전, 베트남 전쟁, 소말리아 내전 등 전 세계적 분쟁이 이어졌고, 이 시기 스웨덴은 유럽에서 가장 개방적인 난민 정책을 펼쳤으며, 언어 교육과 주거 지원, 사회보장제도를 포함한 '정착 패키지'를 국가가 직접 제공했다.

1990년대 스웨덴은 '다문화주의'를 공식 정책으로 채택하여, 이민자들이 자신의 언어와 문화를 유지하면서도 스웨덴 사회에 참여할 수 있도록 지원했다. 당시 스웨덴은 이민자에게 동화(同化)를 강요하기보다는, 공존을 제도화하는 데 방점을 두었다.

그러나 2015년 시리아 내전과 이슬람국가(IS) 확산으로 유럽 전역이 난민 위기에 직면하면서 상황은 급변했다. 스웨덴은 단 한 해에 16만 명이 넘는 난민 신청을 받아들였는데, 인구 대비로는 유럽에서 가장 높은 수용률이었다. 정부는 급증한 인원을 수용하기 위해 외곽 위성도시와 대규모 공공임대주택 단지를 활용했으며, 그 결과 학교·보건·복지 서비스 수요는 순식간에 폭증했다.

하지만 이처럼 단기간에 많은 난민을 받아들인 것은 사회적 마찰을 불러왔다. 이민자 밀집 지역에서는 실업률과 범죄율이 높아졌고, 경찰이나 응급 서비스가 쉽게 진입하지 못하는 '취약 지역'이 형성되었다. 특히 청년층이 갱단 활동에 가담하거나 마약 거래에 관여하는 현상이 나타나면서 '스웨덴형 게토화'라는 새로운 사회문제가 부상했다.

스웨덴 정부는 이를 해결하기 위해 분산 배치를 추진했지만, 현실에서는 저렴한 임대료가 공급되는 외곽 지역에 이민자가 집중되는 현상이 나타났다. 초기에는 사회통합 문제가 크게 드러나지 않았으나, 시간이 흐르면서 교육 성취도 격차와 실업률 불균형, 빈곤율 상승 등 구조적 문제가 두드러졌다. 이민자 2세와 3세 세대는 노동시장 진입에 어려움을 겪었고, 이는 사회적 배제로 이어졌다.

2016년 이후 스웨덴은 이민 정책의 방향을 크게 바꾸었다. 난민에게는 임시 거주 허가제를 도입하고, 가족 초청 요건을 강화했으며, 난민 심사 절차를 엄격히 했다. 체류 연장은 취업과 언어 교육 참여 여부와 연계되었고, 사회적 동화 압력이 높아졌다. 동시에 정부는 '취약 지역' 관리 정책을 발표해 전국 59

개 구역을 지정하고, 그중 일부를 '특히 취약한 지역'으로 분류해 경찰력을 집중 투입했다. 2024년에는 군까지 경찰 업무에 투입하며, 강력범죄 처벌을 강화하는 법안을 통과시켰다.

그럼에도 주거 문제는 여전히 해결되지 않았다. 공공임대주택은 지속적으로 공급되었지만, 내국인의 이탈이 가속화되면서 이민자 비율은 더 높아졌다. 결과적으로 특정 단지는 사실상 이민자 집단거주지로 고착화되었고, 이는 교육과 고용의 기회에서 배제되는 '사회적 섬'을 만들어 냈다.

스웨덴의 경험은 분명한 교훈을 준다. 주거와 교육, 고용을 통합적으로 다루지 못한 채 단순히 주거지를 제공하는 방식은 통합이 아니라 분리를 낳는다. 인도주의적 명분이 아무리 강조되어도, 사회적 통합을 뒷받침하는 구체적 전략이 없다면 복지국가조차 균열될 수 있다.

주거·교육·노동의 분리 구조와 경계적 현상의 누적

스웨덴 사례에서 가장 중요한 교훈 중 하나는 주거·교육·고용 정책이 유기적으로 연결되지 않았다는 점이다. 난민과 이민자에게 거주 공간을 제공했지만, 직업 훈련, 언어 교육, 사회 참여 프로그램이 결합되지 않았다. 결과적으로 주거 안정이 사회통합으로 이어지지 않았고, 주거지 자체가 범죄와 배제의 공간으로 변질되었다. 특히, 주거 정책은 물리적 공간 제공에 머물렀고, 통합을 위한 '생활권 설계'가 결여되어 있었다. 특정 지역에 이민자를 과도하게 배치한 것은 게토화를 심화시켰고, 교육·고용 불평등이 세대 간 대물림되는 결과를 낳았다.

스웨덴 이주민 분리정책의 결과는 크게 세가지로 문제로 나타났다.

첫 번째는 주거지의 분리이다. 스웨덴은 오랫동안 보호신청자가 국가 제공하는 숙소 제도인 ABO(Anläggningsboende) 대신 스스로 살 곳을 구하는 이른바 EBO(Eget boende) 제도를 허용해 왔다. 이 선택은 임대가 저렴하고 이미 이주 네트워크가 형성된 동네에 정착을 집중시키는 경향을 낳았고, 이주자들이 정착한 지역은 도시외곽의 '사회적 취약지역(Utsatt område)'이 대부분이었다. 이는 범죄율이 높은 지역에 이주민의 집중으로 범죄에 노출되고, 피해자에서 가해자로, 개인의 일탈에서 조직화로 이어지는 악순환의 고리가 형성되었다.

두번째는 교육의 격차이다. 학업 성취는 출신 배경과 부모의 학력·소득, 거주 동네의 사회경제적 조건과 강하게 연관된다. 여러 연구는 스웨덴에서 비이주 학생과 이주·2세 학생 간 학업 격차가 지속·확대되는 경향을 보고했고, 그 설명 변수로 부모의 교육과 거주지의 사회경제적 환경을 꼽는다. 학교 내부에서도 이주민 학생을 위한 스웨덴어 지원과 돌봄·상담이 부족했고, 부모들은 야간·교대 노동으로 아이들을 챙기는 것이 부족하여 교육 격차는 심화되었다.

세번째, 노동 기회의 간격이다. 2023년 기준 스웨덴 출생자의 고용률은 87%, 외국 출생자는 65%로 22% 차이가 났고, 같은 시기 실업률은 외국 출생(여성 13.0%, 남성 11.1%)이 스웨덴 출생(여성 2.6%, 남성 3.6%)보다 높았다. 격차는 특히 여성과 저학력층, 경력단절·육아기에 크게 벌어지며, 공공고용서비스 개편과 디지털 전환이 진행되는 동안 현장 접근성의 저하가 일부 집단에는 추가 장벽으로 작용하였다. 이러한 노동기회의 차이는 이주민들을 사회에서 격리시키는 현상을 낳아 이주민 집단화로 내몰았다.

'낙인의 프레임'에서 '공존의 설계'로

우리는 영화를 통해 세상을 접하고 배운다. 그런데 스크린이 보여 주는 이민자의 얼굴은 늘 획일적이다. 어둡고 좁은 골목, 경찰선이 쳐진 범죄 현장, 낯선 언어가 섞여 울려 퍼지는 장면들. 이런 이미지가 반복되면 어느새 우리의 기억 속에서 대림동이나 원곡동 같은 동네는 '사건의 장소'로 각인된다. 하지만 일상적 생활로 이곳을 다시 보면 풍경은 전혀 다르다. 아이들이 횡단보도를 건너고, 시장 상인들이 채소 상자를 나르고, 주민센터에서 한국어 수업이 열리고, 도서관에서는 숙제 검사가 평범하게 이어진다. 이러한 관점의 전환이야말로 그 낙인의 프레임을 걷어내고, '생활의 장면'을 우리에게 다시 보여 주기 시작한다.

사실 우리 선조도 이미 이민자의 삶을 살았다. 하와이 사탕수수밭에서, 독일의 루르 탄광과 병동에서, 그들은 낯선 법과 언어, 새로운 시간표에 몸을 맞추며 버텨냈다. 그 힘든 길을 걸었던 우리가, 이제는 조금 잘 살게 되었다고 해서 같은 처지로 우리 땅을 찾은 이들을 배척한다면, 이는 역사를 잊는 일일 것이다. 예전의 우리를 떠올리며 지금의 이웃을 바라보는 일, 바로 거기서부터 도시의 새로운 시선이 싹튼다.

게다가 이 문제는 단순히 도덕의 문제가 아니다. 한국은 지금 저출산과 고령화, 지방 소멸이라는 삼중 위기에 직면해 있다. 인구 감소와 고령화 속도를 감안할 때, 이민은 선택이 아닌 필수적인 과제가 된다. 핵심은 '어떻게 받아들일 것인가'이다. 단순히 문을 열어 주는 것만으로는 통합이 이루어질 수 없다. 어디에 살게 할지, 누구와 만나게 할지, 어떤 시간표 속에 함께 두게 할지를 철저히 설계해야 한다.

스웨덴은 이 점에서 중요한 교훈을 제시한다. 2015년 난민 수용 이후, 스웨덴은 임시 체류 허가 중심으로 정책을 바꾸었고, 일부 지역은 '취약지역'이라는 낙인 속에 더 깊은 불신을 겪었다. 교훈은 명확하다. 개방만으로는 통합이 통합되지 않는다. 배치와 설계가 반드시 수반되어야 한다. 주거·학교·일터·시장·도서관이 같은 시간표 위에서 겹쳐지도록 설계되지 않으면, 분산은 단절이 되고, 단절은 다시 낙인이 된다.

따라서 이 책은 권리에 대한 추상적인 논쟁보다 '생활 속 공존'

을 이야기한다. 공간과 동선, 시간을 염두해 두고 예측 가능한 만남을 만드는 설계, 작은 조정만으로도 서로를 더 자주 만나게 하고, 이름을 부르게 하고, 이웃이 될 것이다. 우리는 이미 이민을 받아들일 수밖에 없는 시대에 살고 있다. 하지만 받아들인다는 말 대신, '함께 살도록 설계한다'는 선택지를 이야기하고자 한다. 스웨덴의 경험에서 배우고, 한국의 골목에서 검증하며, '빌런'이라 불리던 이웃이 진짜 이웃으로 서는 순간들을 함께 공유하는 것, 그것이 바로 함께 사는 도시의 본질이다.

2부

외국인의 다른 이름들
— 관광객, 외국인 근로자, 이주민

1 글로벌 코리아, 한국 속의 외국인

2 이주노동자의 꿈과 현실

3 이방인의 한국 정착기

4 인구소멸 시대의 이주민

1. 글로벌 코리아, 한국 속의 외국인

한국을 찾는 외국인

2025년 여름, 인천국제공항의 출국장은 코로나19 팬데믹의 긴 침묵을 뒤로하고 다시금 세계의 시간표에 맞추어 활발히 움직이고 있었다. 대형 전광판에는 도쿄, 방콕, 뉴욕, 두바이의 항공편이 번갈아 표시되었고, 입국 게이트에는 영화 "케이팝 데몬 헌터스(K-Pop Demon Hunters)"의 영향으로 서울 방문 외국인 관광객이 몰려들었다. 셔틀버스를 타는 여행객의 손에는 여전히 여행 가이드북과 휴대폰 번역기가 들려 있었고, 카트 위 짐가방에는 'ICN'이라는 태그가 붙어 있었다. 한국은 다시 세계인의 여행지로 돌아왔다.

실제로 2024년 한 해 한국을 방문한 외국인 관광객은 약 1,636만 명으로 집계되었다. 이는 코로나 이전인 2019년 기록의 약 94% 수준을 회복한 수치이며, 전년 대비 48% 이상 증가한 결과였다. 특히 2025년 상반기만 보더라도 외국인 방문객 수가 882만 명에 달해 2024년 770만 명 대비 14.6% 증가한 점은, 한국 관광산업이 단순한 반등을 넘어 정상궤도에 진입했음을 보여 준다. 항공편 공급량 확대, 비자 규제 완화, 그리고 K-팝, K-드라마를 중심으로 한 한류 콘텐츠의 지속적 확산이 이 회복세를 견인한 것으로 평가된다.

2024년 한국관광공사 통계에 따르면 외국인 관광객의 국적 분포는 일본·중국·대만·미국 순으로 많았으며, 최근 들어 동남아시아와 중동 관광객의 증가세도 뚜렷하다. 반면 체류 외국인의 국적 분포는 베트남, 중국, 우즈베키스탄, 태국, 네팔 등이 상위를 차지하고 있다. 이처럼 방문객과 체류자의 국적 구성이 이중화된 것은, 관광과 이주가 서로 다른 동력으로 작동하고 있기 때문이다. 관광은 문화와 소비를 중심으로, 이주는 노동과 가족, 교육을 중심으로 움직이고 있다.

관광객 규모의 회복과 체류 외국인의 증가는 때로는 서로 다른 목소리를 낸다. 관광산업을 강조하는 목소리는 '방문객의 편의'를 강조하고, 체류 외국인 정책은 '주민과의 공존'을 전제로

하기 때문이다. 그러나 장기적으로 이 둘은 서로를 보완할 수 있다. 관광객이 잠시 스쳐 간 지역이 장기 체류자와의 교류 공간이 될 수 있으며, 체류 외국인의 가족과 네트워크가 관광의 새로운 동력이 되기도 한다. 예컨대 발안만세시장과 같은 다문화 상권은 외국인 관광객에게는 '이국적 체험 공간'으로, 체류 외국인에게는 '생활 기반'으로 기능한다.

한편 이중 흐름 속에서 놓치지 말아야 할 것은 '체류 외국인의 다층적 다양성'이다. 단순 노동자로 한국을 찾은 이주노동자뿐 아니라, 유학생, 주재원, 결혼이주여성, 난민신청자, 귀화자 등 그 구성은 매우 이질적이다. 단기 관광객과 마찬가지로, 체류 외국인 역시 하나의 집단으로 단정될 수 없으며, 그 안의 분화와 맥락을 주목해야 한다. 관광객의 회복이 단순한 숫자의 반등을 의미한다면, 체류 외국인의 증가는 사회 구조의 근본적인 변화를 의미한다. 이 차이를 이해할 때, '글로벌 한국'의 현재가 보다 입체적으로 이해된다.

글로벌화되어 가는 한국의 외국인 관광객과 체류자의 증가 추세는 단순히 통계상의 증감을 보여 주는 것이 아니다. 그것은 한국 사회가 더 이상 '단일 민족'이라는 자기 규정만으로는 설명될 수 없는 시점에 이르렀음을 보여 주는 징후이다. 관광객의 회복과 체류자의 증가라는 두 축이 교차하는 지점에서, 우리는 '열린 한국'이자 동시에 '함께 사는 한국'으로서의 미래를 준비해야 한다.

인구 대비 외국인 5% 이상 사회의 의미

2024년 말, 법무부 출입국 통계치를 보면, 대한민국의 체류 외국인 수는 약 265만 명에 달하며 전체 인구 대비 5.2%를 차지했다. 2025년 중반에는 273만 명으로 다시 최고치를 갱신했다는 발표가 이어졌다. 수치로만 본다면, 외국인 주민 비중이 5%를 넘어선 것은 단순한 변화를 뜻하는 것이 아니다. 사회학적 담론에서 '5% 사회'는 외국인 혹은 이주민이 지역 사회의 일상에서 내국인과 사회적 공존을 경험하는 임계점으로 설정된다.

왜 하필 5%일까. 이는 유럽의 경험에서 비롯된다. 독일, 프랑스, 네덜란드 등은 이주민 비율이 5%를 넘어서면서 교육·주거·노동 시장에서 구조적 변화를 체감하기 시작했다. 학교 교실에서 다문화 학생이 소수자 집단을 넘어선 시점, 지방 소도시 상권에서 이주민 상점이 동네 경제의 핵심으로 자리하는 순간, 주민자치회의 의제에 '이웃으로서의 이주민' 문제가 본격적으로 등장하는 시기가 바로 그때였다. 한국도 이제 동일한 궤적에 접어들었다고 볼 수 있다.

한국 사회의 맥락은 더욱 압축적이다. 2000년대 초반까지만 해도 체류 외국인의 비율은 1% 남짓에 불과했다. 그러나 불과 20여 년 만에 5배 이상 늘어나면서, 특정 도시와 지역은 이미 '다문화 사회'를 넘어 '다중 문화가 공존하는 생활권'으로 변모하고 있다. 경기도 안산시는 그 대표적인 사례다. 안산 전체 인구 중 약 14%가 외국인으로, 전국에서 가장 높은 비율을 보인다. 특히 원곡동은 주민 10명 중 3명 이상이 외국인이라는 특성을 지니며, 거리의 간판과 언어, 상점의 진열 방식까지도 다국적화된 풍경을 만들어 냈다.

주목할 점은 이러한 변화가 전국적으로 균일하게 나타나지 않는다는 사실이다. 서울 강남이나 부산 해운대와 같은 일부 부유 지역은 관광객 중심의 외국인 유입이 두드러지는 반면, 안산·시흥·화성·김해·군산 등지에서는 산업단지와 연계된 노동 이주가 주를 이룬다. 전남 해남이나 경북 의성 같은 농촌에서는 계절근로자 프로그램을 통해 매해 수백 명이 단기 체류하며 농번기를 뒷받침한다. 결국 '5% 사회'는 전국 평균의 수치일 뿐, 실제 현장은 어떤 곳은 1%에도 못 미치고 어떤 곳은 이미 20%에 가까운 이질적인 분포를 보인다. 따라서 국가 차원의 통계와 정책만으로는 지역 현실을 포착하기 어렵고, 지방자치단체의 정책 역량이 중요해진다.

또 다른 관점에서, 5% 사회는 '보이는 다문화'에서 '사는 다문화'로의 전환을 의미한다. 초기의 이주민은 공장에서 일하고, 주말에 거리에서 만나고, 특별한 축제나 행사에서만 부각되었다. 그러나 일정 비율을 넘어선 순간, 그들은 이웃이 되고 동급생이 되며, 마트에서 줄을 서는 사람으로 자리한다. 이는 '타자'가 아닌 '함께 사는 자'로서의 정체성을 묻는 사회적 질문을 촉발한다. 즉, 외국인은 더 이상 일시적 방문자가 아니라 '동시대적 주민'으로 인식되기 시작하는 것이다.

정책적 함의도 크다. 외국인 주민이 5%를 넘어서면 행정 서비스, 복지 예산, 교육 정책에서 이들을 배제하거나 보조적으로만 취급할 수 없다. 예를 들어 다문화 학생이 한 학급의 1/3을 차지하는 상황에서 '보충수업'만으로 대응하는 것은 한계가 있다. 오히려 교육과정 자체가 다문화적 배경을 전제로 설계되어야 한다.

물론 '5% 사회'는 긍정적 의미만을 지니지는 않는다. 일부 지역에서는 범죄율 증가, 임금 하락, 주거지 과밀화와 같은 불안이 이주민 유입과 연결되어 인식되기도 한다. 실제로 언론은 종종 특정 사건을 '외국인 범죄'라는 프레임으로 보도하며 사회적 갈등을 증폭시킨다. 그러나 통계적으로 볼 때 외국인의 범죄율은 전체 인구의 범죄율과 큰 차이를 보이지 않으며, 오히려 이주민의 사회적 배제와 노동시장 주변화가 갈등의 주요 원인으로 지목된다. 따라서 '불안'을 이유로 한 배제보다는, 공존을 위한 제도 설계가 장기적으로 더 안정적 결과를 낳을 수 있다.

결국 인구 대비 외국인 비율 5%라는 수치는 한국 사회가 더 이상 단일민족 신화만으로 설명되지 않는 단계에 들어섰음을 알리는 지표이다. 이는 단순한 양적 변화가 아니라, 사회 제도의 구조적 전환을 요구하는 질적 변화이다. 학교와 병원, 주거와 노동, 지역 공동체와 문화정책까지 모든 영역에서 '함께 살기'의 프레임을 제도화해야 하는 시기이다. 관광객이 한국의 문화를 세계에 알리는 거울이라면, 체류 외국인은 한국 사회가 어떻게 미래를 준비하는지를 보여 주는 시금석이다.

따라서 5%를 넘은 지금, 우리는 물어야 한다. 이들은 한국 사회의 '외국인'인가, 아니면 이미 '주민'인가. 답은 분명하다.

이주민은 이미 우리의 일상 속에, 아이들의 교실 속에, 마을 시장과 공장, 요양병원과 농촌의 비닐하우스 속에 존재한다. 남은 과제는 그 존재를 제도와 인식 속에 제대로 자리매김하는 일이다.

외국인 노동자 → 이주노동자/이주민으로의 용어 전환

한국 사회에서 '외국인'이라는 단어는 너무도 흔하게 쓰이지만, 실제로는 다양한 집단과 맥락을 하나로 묶어 버리는 모호한 용어이다. 입국한 순간부터 체류 자격이 주어지고, 노동이나 학업, 가족 동반, 심지어 난민 신청에 이르기까지 외국인의 삶의 궤적은 다층적이다. 그러나 일상 언어와 행정 문서 속에서 그들은 종종 단순히 '외국인'으로 불린다. 이 모호한 호칭은 현실을 단순화하는 동시에, 제도와 권리 보장의 사각지대를 만들어 낸다.

현행 법률에서 '외국인'은 명확히 규정되어 있다. 「출입국관리법」 제2조는 국적법상 대한민국 국적을 가지지 아니한 자를 외국인으로 정의한다. 따라서 미국에서 태어난 유학생, 우즈베키스탄 출신 외국인 근로자, 한국계 러시아 동포, 프랑스에서 온 주재원 모두가 동일하게 '외국인'이라는 범주에 포함된다. 그러나 이 정의만으로는 노동권, 복지 접근, 가족관계, 교육 권리와 같은 사회적 맥락의 차이를 설명할 수 없다.

정부 역시 이 한계를 인식하며 제도적 보완을 시도해 왔다. 2007년 제정된 「재한외국인처우기본법」은 '외국인 주민'을 별도의 범주로 규정하였다. 여기서 외국인 주민이란 대한민국에 합법적으로 체류하면서 국내에 주소를 두고 생활하는 외국인과 귀화자, 다문화가족 구성원 등을 포괄한다. 즉, '거주'와 '생활'이 기준이 된 것이다. 하지만 여전히 노동 비자(E-9), 방문취업 비자(H-2), 유학생(D-2) 등 개별 체류 자격별로 권리와 의무가 크게 나뉜다.

특히, 외국인 노동시장과 관련해서는 '산업연수생 제도'(1990년대)와 그 후신인 '고용허가제'(2004년 도입)가 중요한 전환점이 된다. 산업연수생 시절에는 노동자성이 부정된 채 훈련생으로 분류되었지만, 고용허가제 도입과 「외국인근로자의 고용 등에 관한 법률」 제정 이후 '노동자'로 인정받으며 노동3권과 사회보험의 일부가 보장되었다. 그럼에도 불구하고 사업장 변경 제한, 숙식비 공제 논란, 단기 체류 조건은 여전히 '임시 노동력'으로서의 한계를 보여 준다. 따라서 법적·행정적 맥락에서 '외국인 근로자(Foreign Workers)'라는 용어를 사용하는 것이 이들의 지위를 정확히 드러내는 표현이라 할 수 있다.

반면 '이주민(Immigrant)'이라는 용어는 단순히 일자리 차원을 넘어, 장기적 거주와 사회적 정착을 포함한다. 예를 들어 결혼이주여성, 중도입국청소년, 장기체류 유학생, 귀화자 등은 이미 노동시장뿐 아니라 가족·교육·지역 공동체와 깊이 얽혀 살아가고 있다. 이들을 '이주노동자'로만 부르는 것은 그들의 삶의 전모를 포착하기 어렵다. 따라서 최근 학계와 시민사회에서는 '이주민' 혹은 '이주배경인구'라는 표현을 사용하여, 외국인 주민을 '노동력'이 아닌 '생활 주체'로 자리매김하고자 한다.

이러한 용어 전환은 단순한 언어의 문제가 아니다. 정책 설계와 행정 집행에서 '외국인'과 '이주민'은 전혀 다른 지평을 열어준다. '외국인'은 국적을 기준으로 한 법적 구분이지만, '이주민'은 지역사회 속에서 살아가는 주민으로서의 정체성을 전제로 한다. 예를 들어, 다문화가정 지원사업은 법적으로 규정된 '다문화가족'을, 이주배경 청소년 교육지원은 '외국인 주민' 혹은 '이주민'을 대상으로 삼는다. 반대로 불법체류 단속이나 출입국 관리에서의 대상은 '외국인'이다. 같은 사람이라도 상황에 따라 전혀 다른 이름으로 불리고, 다른 제도의 적용을 받는 것이다.

더 나아가 용어는 사회적 인식을 바꾸는 힘을 가진다. '외국인 근로자'라는 명칭은 '외부에서 온 일시적 인력'이라는 뉘앙스를 강하게 풍기지만, '이주노동자'는 국경을 넘어 이동했으나 한국 사회의 노동시장에 뿌리를 내린 사람으로 인식하게 만든다. '이주민'이라는 단어는 한 걸음 더 나아가 이들을 장차 함께 살아갈 공동체의 일원으로 받아들이게 한다. 이러한 언어적 전환은 한국 사회가 다문화 사회로 이행하는 과정에서 중요한 상징적 지점이다.

 물론 학문과 행정, 언론에서의 용어 사용은 여전히 혼재되어 있다. 일부 언론은 여전히 '외노자'와 같은 축약형을 사용하며 부정적 이미지를 강화하기도 한다. 그러나 정책 연구에서는 점차 '이주민', '이주배경 인구'라는 표현이 보편화되고 있다.

 따라서 본 원고에서는 '외국인'이라는 법적 용어를 인용할 때에는 그대로 사용하되, 맥락에 따라 '이주노동자', '이주민', '이주배경 인구'라는 표현을 병행한다. 이는 단지 용어의 선택이 아니라, 한국 사회가 앞으로 어떤 관점에서 이들의 존재를 다루어야 할지를 보여 주는 방향성이기도 하다. '외국인'은 행정적 언어이고, '이주민'은 사회공동체의 언어다. 우리가 어느 쪽

언어를 중심에 두느냐에 따라, 한국 사회의 미래가 배타의 길로 갈 것인지, 공존의 길로 갈 것인지가 달라질 것이다.

2. 이주노동자의 꿈과 현실

'코리안 드림'의 형성과 현실적 이질감

1986년 아시안게임과 1988년 서울 올림픽은 한국 사회의 국제적 위상을 높이는 동시에, 새로운 사회적 변화를 촉발했다. 세계가 한국을 주목하기 시작하자, 주변 아시아 국가 청년들에게 한국은 더 이상 멀고 낯선 나라가 아니었다. 필리핀, 방글라데시, 네팔, 중국 동북부의 젊은이들은 "한국에 가면 돈을 벌 수 있다"는 소문을 따라 움직였다. 그들은 고향에서 불가능했던 경제적 성공을 '코리안 드림'이라는 이름의 꿈으로 품게 되었다.

그러나 막상 도착한 한국의 현실은 기대와 상당히 달랐다. 1991년 도입된 산업연수생 제도는 명목상 '연수'를 통한 기술 습득을 내세웠지만, '연수'라는 명목 아래 최저임금에도 미치지 못하는 저임금 지급, 장시간 고된 노동, 사업주에 의한 폭언과

폭행, 여권 압수 등 비인간적인 대우와 인권 침해가 빈번히 일어났다.

그럼에도 불구하고 '코리안 드림' 열풍은 쉽게 꺼지지 않았다. 한국에서 일한 중국 동포들이 "1~2년만 고생하면 고향에 돌아가 집을 사고 땅도 장만할 수 있다"고 하는 신문기사가 날 정도였다. 한국에서의 소득이 중국 현지에서 얼마나 큰 가치를 지녔는지를 보여 주는 대표적인 사례이다.

2000년대 들어 제도의 모순이 사회적 쟁점으로 부각되면서, 정부는 제도를 전환할 수밖에 없었다. 2004년 고용허가제(EPS)가 도입되었고, 외국인 산업연수생은 법적으로 '근로자'로 인정받았다. 이는 명목상의 전환이 아니라, 노동자성을 제도적으로 보장하는 역사적 사건으로 기록되었다.

그러나 현실은 여전히 복잡했다. 사업장 변경의 자유는 극히 제한적이었고, 인권 문제는 고용허가제가 안착한 이후에도 제도의 구조적 허점으로 지적되었다.

그럼에도 불구하고 '코리안 드림'은 세대를 거치며 새로운 의미를 띠게 되었다. 초기에는 단순히 돈을 벌어 본국에 돌아가는 것이 목표였다면, 이제는 비숙련공(E-9)으로 입국한 근로자들도 숙련공(E-7-4) 비자로 전환해 장기 체류와 가족 초청이 가능해지면서, 가족과 함께 생활하는 '가족 정착'형 시대로 접어들었다.

실제 이주배경 청소년 중 중도 입국 아동이 많은 안산 원곡초등학교에는 다문화 학생이 전제의 90%를 차지하며, 울산에서는 아프간 난민 아동이 한국 학교에 다니기 시작했다는 보도도 이어졌다. 아이들은 더 이상 '외국인 근로자의 자녀'가 아니라, 한국 사회에서 자라나는 새로운 세대였다.

하지만 그들의 부모 세대가 품었던 '코리안 드림'은 여전히 절반의 꿈으로 남아 있다. 노동자로는 인정받아 "한국에서 열심히 일했지만, 여전히 나는 손님이다"라는 말에는 이주노동자의 꿈과 현실 사이의 구조적 이질감이 포함되어 있다.

'코리안 드림'은 결국 한국 사회에 질문을 던진다. 이들을 언제까지 '일시적 노동력'으로만 머물게 할 것인가? 아니면 함께 살아가는 이웃으로 받아들일 것인가? 이 질문에 대한 답이 인구감소와 고령화에 직면한 우리나라의 미래를 결정짓는 중요한 요인이다.

산업연수생 → 고용허가제: 정책 전환의 궤적

1990년대 초, 한국 사회는 급속한 산업화의 뒷면에서 만성적인 노동력 부족을 겪고 있었다. 특히 제조업과 건설업, 단순 서비스업 등 이른바 3D 업종에서는 내국인 지원자가 줄어들며 중소기업과 영세사업장은 심각한 인력난에 시달렸다. 이 시기를 전후해 주변국에서 한국을 찾은 외국인 근로자들이 눈에 띄게 늘어났고, 정부는 이를 제도적으로 관리할 필요를 절감했다. 그 결과 1991년, 한국은 '외국인 산업연수생 제도'를 도입하였다.

겉으로는 선진 기술 전수를 명분으로 했지만, 제도의 실질적인 목표는 저렴한 노동력의 수혈이었다. 산업연수생은 '근로자'가 아닌 '연수생'으로 분류되었기에 근로기준법 적용 대상에서 벗어나 있었다. 법적으로는 교육생이지만, 현실에서는 하루 10시간 이상을 공장에서 일하는 착취적 노동자였다. 임금 체불, 장시간 노동, 산재 보상 부재는 일상이었고, 사업장 변경은 허용되지 않아 사실상 '구금적 노동(Captive Labor)'에 가까운 구조가 형성되었다. 이는 국제사회는 물론 국내 인권단체로부터 '현대판 인신매매'라는 거센 비판을 받았다.

아이러니하게도, 이러한 제도의 숱한 문제점에도 불구하고 산업연수생 제도는 아시아 청년들에게 한국행의 통로를 열어주었다. 당시 한국의 임금수준은 중국이나 베트남보다 월등히 높았고, 몇 년만 일해도 본국 가족의 생계를 안정시킬 수 있었다. 많은 이들에게 '코리안 드림'의 입구는 바로 산업연수생 제도였다. 그러나 시간이 지날수록 제도의 부작용은 더 이상 감출 수 없을 만큼 누적되었고, 국제적인 압박도 거세졌다.

2004년, 정부가 '고용허가제(Employment Permit System, EPS)'를 도입하면서 한국은 아시아 국가 중 최초로 정부 간(G2G) 협약을 통해 외국인력을 투명하게 도입하는 시스템을 구축했다. 이는 외국인 근로자를 명실상부한 '근로자'로 법제화했다는 것을 의미한다. 고용허가제는 공공기관이 직접 인력을 알선하여 불법 브로커를 차단하고, 표준 근로계약을 의무화함으로써 최저임금, 근로시간, 산재 보상 등 기본적인 노동 조건을 제도적으로 보장했다. 이는 명칭 변경 수준을 넘어, 외국인 근로자를 제도권 노동시장으로 통합시킨 역사적 진전이었다.

그러나 고용허가제가 모든 구조적 난제를 해소한 것은 아니었다.

고용허가제는 내국인 노동시장 보호와 사업주의 인력 안정성을 우선하여 설계되었기에, 원칙적으로 외국인 근로자의 임의적인 사업장 변경은 제한된다. 사업주의 귀책 사유(임금 체불, 근로 조건 위반 등)나 사업장 존속 문제(폐업·휴업 등) 등 특별한 경우에만 이직이 가능하다.

이러한 제한적 구조는 근로자가 부당한 처우를 받더라도 노예 계약과 유사한 상황을 스스로 벗어나기 어렵게 만드는 근본적인 취약점으로 작용했다. 또한 숙식비 임금 공제문제 역시 끊임없이 논란을 야기했다. 일부 사업주는 열악한 기숙사를 제공하면서도 과도한 비용을 공제했으며, 비닐하우스 숙소등의 열악한 주거 환경이 심각한 사회 문제로 부각되기도 했다. 게다가 E-9 비숙련 노동자의 체류 기간이 원칙적으로 최대 4년 10개월로 제한되어 있어, 장기적인 정주를 근본적으로 어렵게 만들었다. 결과적으로 이주노동자는 '필요하나 언제든 대체 가능한 임시적 존재'라는 모순된 지위에 갇혀 있었다.

농어촌의 인력난을 해결하기 위해 2010년대 후반부터 추진된 '계절근로자 제도'는 고용허가제의 보완적 장치였다. 2023

년 법무부는 계절근로 비자를 통합·개편하여 E-8 비자를 신설했다. 이를 통해 농가·어가 단위로 단기 외국인 근로자를 합법적으로 초청할 수 있게 했으나, 단기 체류의 특성상 주거, 교육, 노동권 보호의 취약성은 여전히 해소되지 않았다.

2020년 겨울, 한국 농촌 지역 외국인 계절노동자의 열악한 근로·숙소 환경을 드러낸 대표적 사례가 발생했다. 캄보디아 출신 노동자 쏙 웬 氏가 영하 10°C 이하의 혹한 속에서 난방 시설이 전무한 비닐하우스 숙소에서 잠자던 중 사망한 채 발견된 것이다. 조사 결과, "극도로 열악한 환경이 직접적인 사망 원인"이라는 결론이 내려지면서 사회적 공분이 일었다. 이 사건은 계절 노동자 숙소에 대한 최소한의 주거 기준 마련을 요구하는 여론을 확산시키는 결정적 계기가 되었다. 사건 이후 정부는 숙소 점검을 강화하고 계절 노동자도 산업안전보건법 일부 적용 대상에 포함하는 등 제도 개선에 나섰으나, 현장의 열악한 노동·주거 환경은 지속적인 감시와 보완이 필요한 숙제로 남아 있다.

가제로 이어지는 정책의 궤적은, 한국 사회가 외국인 근로자를 바라보는 시각과 이들에게 부여한 지위를 투영하는 거울이다. 산업연수생 제도가 '노동자성의 전면적 부정'을 기반으로 했다면, 고용허가제는 '노동자성의 공식적 인정'으로 나아갔다. 그러나 여전히 '주민성의 배제'라는 그림자가 남아 있다. 노동자로서는 환영받지만, 정주하는 이웃이자 주민으로는 쉽게 수용되지 않는 이중적 현실이다.

따라서 정책적 과제는 분명하다.

첫째, 사업장 변경의 자유를 확대하여 노동자의 협상력과 노동권을 실질적으로 보장해야 한다.

둘째, 숙식비 공제와 기숙사 관리에 대한 공공적 규율을 확립해야 한다.

셋째, 장기 체류자와 귀환 노동자를 포함하는 순환적이고 장기적인 노동 이동 시스템을 설계해야 한다.

넷째, 농어촌 계절근로 제도는 단순 노동력 공급을 넘어, 지역사회와의 생활권 연계 및 통합을 지향하는 방향으로 발전시켜야 한다.

고용허가제로의 전환은 한국 이주노동 정책사의 가장 큰 진보였으나, 아직은 '절반의 성공'에 머물러 있다. 한국 사회가 진정한 다문화 사회로 발돋움하기 위해서는, 외국인을 '노동력'의 관점을 넘어 '정주형 주민'으로 포용하고 제도화해야 한다. 과거의 연수생들이 한국 산업의 숨은 주역이었다면, 오늘의 이주노동자는 한국 사회의 미래를 함께 설계하는 동반자가 되어야 한다.

업종별 구조: 한국 경제의 숨겨진 기반

외국인 근로자들은 한국 노동시장에서 '보이지 않는 핵심축' 역할을 수행하고 있다. 이들의 손길이 닿지 않는 산업은 드물지만, 실제 분포는 특정 산업에 집중되어 있다. 제조업, 건설업, 농축수산업, 돌봄·요양, 계절근로 분야가 대표적이다. 각 업종별 구조와 특징을 살펴보는 것은 단순한 통계 이상의 의미를 지닌다. 이는 한국 경제와 사회의 구조적 취약점이 어디에 내재되어 있는지를 명확히 보여 주기 때문이다.

제조업은 한국 외국인 근로자 고용의 최대 부문이다. 고용노동부에 따르면 2023년 고용허가제(E-9) 도입 인력의 과반수가 제조업에 배치되었다. 이들은 주로 금속, 플라스틱, 전자 부품, 의류 봉제 등 노동집약적 산업에서 일하며, 내국인 청년층이 기피하는 직종에서 중소기업의 존속을 위한 필수 인력으로 기능한다. 특히 지방 산업단지에서의 의존도는 절대적이다. 그러나 열악한 작업 환경, 낮은 임금, 야간근무와 장시간 노동은 여전한 문제다. 숙련 노동자가 정착하지 못하고 끊임없이 순환하는 구조는 중소기업 장기 경쟁력에 심각한 위협을 초래한다.

건설업 또한 외국인 근로자의 기여 없이는 유지 불가능한 산업이다. 2022년 건설현장에서 활동하는 외국인 근로자는 약 25만 명으로 추정되며, 이는 전체 건설 인력의 20%이상을 차지한다. 특히 고층 골조, 도로·터널 공사 등 고위험 작업 영역에 이들이 집중 투입된다. 이로 인해 내국인 대비 높은 안전 사고 발생률에 대한 지적이 끊이지 않는다. 정부가 숙련 기능 인력(E-7-4 등) 도입을 확대하는 것 역시 이러한 현실을 반영한다. 건설업은 일자리의 불안정성이 크고 경기에 민감하여, 외국인 근로자가 경기 변동의 '완충재(Buffer)'로 활용되는 경향이 두드러진다.

농어촌의 노동력은 이미 외국인 근로자에 의해 지탱되고 있다. 계절근로자 제도도입의 핵심 배경이 바로 여기에 있다. 농번기마다 단기 체류자를 합법적으로 공급하는 계절 근로(E-8 비자)는 2023년 전국 150여 지자체에서 운영되었으며, 2025년에는 전년 대비 41% 증가한 약 9만 5천 명이 배치될 예정이다. 이들은 딸기 수확, 과일 재배, 양식장 관리 등 강한 계절성을 띠는 업무를 담당한다. 그러나 짧은 체류 기간, 열악한 주거 환경, 가족과의 분리는 구조적인 고통으로 남아 있다. 농촌

고령화 추세와 맞물려 외국인 계절 노동은 필연적으로 더욱 확대될 상황이며, 농촌 공동체는 이미 '다문화 생활권'으로 변모하고 있어 지역 사회의 포용력 확대와 제도적 지원이 절실하다.

지금까지는 제조업 등에 비해 규모가 작았지만, 돌봄 및 요양 분야의 외국인력 수요는 향후 기하급수적으로 증가할 전망이다. 초고령사회에 진입한 한국은 요양병원, 요양원, 재가 돌봄 서비스에서 만성적인 인력난을 겪고 있다. 일부 지자체는 필리핀, 베트남 등으로부터 돌봄 인력 도입을 시범적으로 검토하고 있다. 현재는 제도화 초기 단계이나, 일본·대만의 선례를 볼 때 한국 역시 장기 요양 보험 체계 내에서 외국인 돌봄 노동자를 공식적으로 수용하는 방향으로 나아갈 가능성이 높다. 다만 돌봄은 단순 기능직이 아닌 언어·문화적 감수성이 필수적인 영역이므로, 체계적인 교육, 자격 인증, 문화 적응 프로그램이 반드시 병행되어야 한다.

이처럼 외국인 근로자의 업종별 분포를 직시하면, 한국 사회가 어떤 영역에서 구조적인 인력 공백을 겪고 있는지 명확히 드러난다. 제조업·건설업은 경제 성장 동력, 농축수산업은 식량 안보의 근간, 돌봄·요양은 고령사회 대응의 핵심이다. 이 모든 분야는 이미 내국인만으로는 유지하기 어려운 수준에 이르렀다. 따라서 외국인 근로자를 단순히 '보조 인력'으로 보는 관점은 현실과 괴리된 인식이다. 이들은 한국 사회의 핵심 시스템을 유지하는 필수 노동자이며, 사실상 공동체의 주요 구성원이다.

그러나 이들의 법적 지위와 사회적 인식은 여전히 임시적이고 주변적이다. 고용허가제 노동자는 체류 기간이 제한적이고 사업장 변경이 어려우며, 계절 근로자는 가족 동반이 불가능하고, 돌봄 인력은 제도적 틀조차 미흡한 실정이다. 이러한 제도적 간극은 결국 '노동력은 필요하지만, 이주민은 원치 않는다'는 한국 사회의 이중성을 드러낸다. 향후 정책은 이 간극을 해소하는 방향으로 나아가야 한다. 단순한 노동력 수급 차원을 넘어, 정주권 및 사회 통합 전략을 함께 고려해야 한다는 것이다.

외국인 근로자는 더 이상 단순한 노동력이 아닌, 한국의 산업, 농업, 복지 체계를 지탱하는 실질적 주체들이다. 업종별 구조를 객관적으로 인식하는 것은 곧 한국 사회가 어떤 기반 위에 서 있는지를 확인하는 과정이다. 따라서 외국인 근로자를 일시적 대체 인력으로 보는 시각을 탈피하고, 업종별 특성에 맞는 제도 설계와 장기적인 정주 전략을 병행하는 것이 필요하다. 이것이야말로 한국 사회가 다가올 인구 절벽과 초고령화 시대를 돌파할 수 있는 현실적 로드맵이 될 것이다.

성공 스토리: 이주민의 경제적 자립과 공동체 형성

이주노동과 관련된 서사는 흔히 착취, 배제, 갈등의 틀에 갇히기 쉽다. 그러나 그 속에서도 새로운 삶의 터전을 일구고, 지역사회 내에서 의미 있는 성취를 이뤄 낸 이들의 이야기는 한국 사회가 이주민을 어떻게 포용해야 할지에 대한 청사진을 제시한다. 이 장에서는 세 가지 대표적인 성공 사례—이사 서비스 분야의 전문가, 숙련 기능인으로 인정받은 건설 노동자, 자조 네트워크를 통해 성장한 고려인 기업가—를 통해 '이주 성공 스토리'의 함의를 심층적으로 탐색하고자 한다.

서울 외곽의 한 이삿짐센터. 주말이면 새벽부터 이삿짐 트럭이 줄지어 서고, 작업복을 입은 팀원들이 분주히 움직인다. 이사 업계에서는 몽골인이 없으면 이사업 영위가 어렵다는 분위기다. 2023년 헤럴드 경제에서 보도한 내용을 보면, 한 대형 이사 프랜차이즈업체의 지역 대리점 관계자는 "저희는 인력의 3분의 1이 몽골인"이라며 "이삿짐 나르는 일이 힘들다 보니 우리나라 사람이 잘 없는데, 몽골인들이 성실하고 일을 잘한다"고 소개하고 있다.

이 사례는 두 가지 중요한 시사점을 던진다. 첫째, 단순 노동으로 시작한 경력이 사회적 신뢰와 전문성을 기반으로 업종 내에서 핵심 인력으로 성장할 수 있음을 보여 준다. 둘째, 이주민이 더 이상 '단기 계약 노동자'가 아닌, 서비스 산업의 주요 플레이어로 자리매김할 수 있는 잠재력을 확인시켜 준다.

건설현장은 한국 경제 발전의 상징이자, 동시에 외국인 노동 의존이 가장 두드러지는 영역이다. 업계는 이주노동자가 아니면 현장이 안 돌아간다고 목소리를 높인 지 오래됐다. 2024년 머니S의 기사에는 대한건설정책연구원 박광배 연구위원과의 인터뷰 내용이 실렸다. "건설산업이 자동화된 생산시설을 갖추기에 제약이 있는 업종으로 노동력을 많이 투입해야 한다"며 "기존 내국인 근로자의 연령대가 높아지고 있으므로 노동력을 안정적으로 공급할 수 있는 수단이 필요하다"고 지적하는 내용이었다.

한국산업인력공단에서 고용허가제 우수사례를 발굴해 매년 수상하고 있다. 대부분 수상한 기업들의 경우 외국인 근로자를 단순한 대체 인력이 아닌, 기술과 경험을 체계적으로 축적하여 숙련 기능공으로 발전시킨 케이스이다. 만성적인 기능 인력 부족 상황에서, 이주민 숙련공의 존재는 산업 경쟁력 유지의 핵심 요소가 된다. 동시에 이는 안전 교육, 자격 취득 지원, 합리적인 체류 연장 등 장기 정착을 위한 제도적 기반이 마련될 때, '코리안 드림'이 단순한 임금 추구를 넘어 전문 직업인으로서의 경력 개발로 확장될 수 있음을 시사한다.

화성시 향남에 본사를 둔 ㈜우진이엔지의 강우진 대표는 18년 전 귀화한 방글라데시 출신 외국인이다. 그는 스스로를 "이제는 외국인이라는 인식조차 하지 않는 사람"이라고 말한다. 그는 외국 출신으로 한국에 이주해 제조업의 현장에서 기술을 배우며 차근차근 성장했다. 처음 한국에 왔을 때는 언어도 서툴고 사회적 낯섦이 컸지만, "일단 기술을 익히면 길이 열린다"는 신념으로 용접과 기계 조립을 배웠다. 이후 소규모 하청업체를 운영하다가 직접 회사를 창업했고, 지금은 반도체·자동차 부품 설비를 전문으로 생산하는 수출기업으로 성장시켰다. 그의 회사는 품질로 인정받아 국내 대기업과의 납품 계약을 이어 가고 있으며, 화성시를 비롯한 경기도 산업인 네트워크에서 '이주 배경을 가진 성공한 제조인'의 상징으로 꼽힌다(화성신문, 2025.7.7).

강 대표는 자신을 "이방인이 아닌 화성시민, 그리고 한국인으로 살아간다"고 말한다. 귀화 이후에도 그는 다문화가정 고용, 기술 교육, 지역 사회 기부 활동을 이어오며 "이주민이 한국 사회의 구성원으로 함께 성장할 수 있다"는 믿음을 실천해 왔다. 그의 스토리는 단순한 개인의 성공을 넘어, 한국 산업 현장에서 이주민이 노동자, 기업가, 그리고 지역 사회의 주체로 발돋움할 수 있는 구체적인 가능성을 보여 준다.

광주 월곡동과 안산 선부동에 형성된 고려인 마을은 한국 내 대표적인 이주민 집거지다. 이곳에서 성공한 소상공인들의 사례는 공동체적 자조 네트워크의 힘을 잘 보여 준다. 한 고려인 3세 사업가는 작은 식당으로 출발해, 지금은 다국적 식자재를 취급하는 도매상을 운영한다. 그의 성공은 단순히 개인의 역량 때문이 아니다. 지역의 고려인센터가 제공한 한국어 교육, 법률·노무 상담, 자녀 보육 지원이 안정적인 정착의 기반이 되었다. 또한 동포들끼리 만든 상호부조 모임이 초기 자금 마련과 위기 극복에 중요한 역할을 했다.

고려인 사업가들의 성장은 공적 제도가 미치지 못한 영역을 공동체 내부의 자조 구조가 채워 왔음을 드러낸다.

이는 동시에 긍정적 사회적 자산이기도 하다. 고려인 마을의 네트워크는 단순한 '생존 전략'을 넘어, 새로운 '경제 생태계'를 창출하고 있다. 이주민 스스로의 성공이 지역 사회의 다양성과 경제적 활력을 증진시키는 모범적인 사례라 할 수 있다.

이 세 가지 사례는 공통적으로 '성공적인 정착'의 필수 조건을 제시한다. 단순히 돈을 벌어 본국으로 돌아가는 노동자가 아니라, 이주민이 사회적 신뢰, 기술·자본의 축적, 공동체적 지지를 확보할 때 비로소 지속 가능한 '성공 스토리'가 완성된다. 중요한 점은 이러한 성취가 이주민 개인의 비범한 노력만으로는 불가능하다는 것이다. 제도의 포용성, 지역 사회의 수용성, 공동체적 지원이 유기적으로 결합되어야 실현 가능하다.

성공 사례는 동시에 사회에 심각한 질문을 던진다. 왜 대다수의 이주민은 여전히 열악한 조건에서 고립되며, 소수만이 성공에 이르는가? 성공 스토리는 '예외적인 현상'이 아닌, '다수가 공유할 수 있는 일반적인 경로'가 되어야 한다. 이를 위해 사업장 변경의 자유 확대, 주거 환경의 획기적 개선, 장기 체류와 가족 동반의 제도화가 필수적이다. 그래야만 성공담이 개인의 특출난 행운이 아닌, 제도적으로 보장된 정상 경로로 자리매김할 수 있다.

　결론적으로, 이삿짐센터 노동자, 건설 숙련공, 고려인 기업가의 이야기는 한국 사회가 지향해야 할 방향을 명확히 제시한다. 외국인 근로자를 '필수적인 노동 자원'이라는 프레임을 넘어, '함께 미래를 만들어 갈 동등한 파트너'로 인정하고 포용할 때, 이들의 성공은 곧 한국 사회 전체의 발전과 번영으로 귀결될 것이다.

3. 이방인의 한국 정착기

울산 아프간 난민의 정착: 인도주의와 현실 사이의 시험대

2021년 여름, 아프가니스탄 수도 카불이 탈레반의 손에 넘어간 극적인 상황은 한국 사회에 난민 수용의 근본적인 질문을 던졌다. 한국 정부와 협력했던 아프간 특별공로자들과 그 가족을 어떻게 보호하고 정착시킬 것인가. 같은 해 8월, '오퍼레이션 미라클(Operation Miracle)'을 통해 총 391명의 아프간 특별공로자와 그 가족이 한국으로 긴급 수송되었고, 이들은 충북 진천 국가공무원인재개발원에서 임시 생활을 시작했다(법무부 보도자료, 2021.8.26). 언론은 이들을 '특별공로자'라는 이름으로 불렀지만, 실상은 전형적인 전쟁 난민이었다.

2022년부터 이들은 지방 대도시로 분산 정착하기 시작했으며, 그중 울산은 대표적인 지역이 되었다. 울산광역시는 주거지 마련과 교육 인프라를 지원하며 약 80여 명의 아프간 아동과 가족을 맞이했다. 초기 정착은 주거 안정, 교육 적응, 노동시장 진입이라는 세 가지 핵심 과제를 중심으로 전개되었다.

처음 울산에 도착한 아프간 가족들은 일부는 LH 임대아파트, 일부는 울산시와 종교단체가 연결한 주택에 입주했다. 주거 초기에는 가구·가전·식료품이 부족해 시민단체와 교회가 나서서 생활필수품을 지원했다. 이후 한국어 교실과 지역사회 정착 프로그램이 결합하면서, 거처는 단순한 '임시 주택'에서 점차 '이웃과 함께 살아가는 집'으로 변해 갔다. 그러나 주택 임대 계약 연장이 취업 여부와 직결되면서, 난민의 정착은 곧 경제적 자립이라는 장기적인 과제와 첨예하게 맞물리게 되었다.

지역 사회의 관심이 가장 먼저 쏠린 곳은 울산 남구와 중구의 초·중학교에 새로 편입된 약 80명의 아프간 아동들이었다. 울산 교육청은 한국어 보충 수업을 편성하고 다문화 담당 교사를 배치하며 적응을 지원했다. 초기 언어 장벽은 분명한 어려움이었지만, 또래 학생들의 도움과 교사의 체계적인 지도로 아이들은 빠르게 학교 생활에 녹아들었다. 아프간 학생들이 직접 만든 그림책으로 자기소개를 하는 등 적극적인 문화 교류의 시도는 난민 아동들이 단순한 '이방인'이 아닌, 새로운 교실 문화의 주체로 자리매김할 가능성을 보여 주었다.

성인 남성들은 취업 연계를 통해 제조업과 서비스업에 배치되었다. 울산은 자동차·조선업 중심의 산업도시이지만, 언어와 기술의 한계 때문에 초기 취업은 주로 단순 노동에 국한되었다. 여성들의 경우 대부분 가사와 육아에 머물렀지만, 일부는 다문화센터의 교육 프로그램을 통해 통역이나 생산보조 활동에 참여했다. 이 과정에서 이들이 가진 '아프간 출신 전문가'로서의 정체성은 충분히 활용되지 못했다. 한국 정부와 함께 일한 경험, 통역 능력, 행정 지식 등은 잠재적으로 활용할 수 있는 자산이지만, 제도적 경력이 단절되면서 잠재적 자산이 사장된 셈이다.

울산시민들의 반응은 엇갈렸다. 종교단체와 시민사회는 적극적으로 환영했고, 기부와 봉사활동으로 초기 정착을 지원했다. 그러나 일부 주민은 "세금으로 외국인을 지원한다"는 불만을 제기했다. 특히 공공임대주택 입주 문제에서는 지역민과의 갈등이 표면화되기도 했다. 언론은 이를 "관용과 불안이 공존하는 현장"으로 묘사했다. 그러나 시간이 지나면서 아프간 아동이 학교에서 또래와 어울리고, 부모들이 일자리를 얻어 생활을 안정시키자 갈등은 점차 완화되었다.

  울산의 아프간 난민 정착은 아직 진행형이다. 초기의 극적인 구조와 보호에서, 이제는 장기적 통합으로 나아가는 길목에 서 있다. 주거 안정성, 노동시장 진입, 아동 교육 지원은 여전히 해결해야 할 과제다. 동시에 이 사례는 한국 사회가 '난민'이라는 존재를 어떻게 받아들이는지를 보여 주는 중요한 시험대. 단순한 인도적 지원을 넘어, 난민을 주민으로 받아들이고 지역사회의 구성원으로 편입시킬 수 있는지를 가늠하는 중요한 시험대이며, 향후 한국의 난민·이주민 정책 설계를 위한 귀중한 선례를 제공한다.

안산 원곡초: 다문화 교실의 실험

경기도 안산시 원곡동은 전국에서 외국인 주민 비율이 가장 높은(약 14%, 2024년 기준) 한국의 대표적인 다문화 밀집 지역이다. 이곳의 원곡초등학교 교정은 아침마다 베트남어, 러시아어, 중국어 등 다양한 언어가 교차하는 다언어·다문화의 상징적인 공간이다. 원곡초는 전체 학생 중 다문화 학생 비율이 높아 사실상 '다문화 학교'로 불리며, 복도 게시판은 다국어 안내문으로 채워지고 통역 지원 봉사자가 상주할 정도다.

원곡초의 다문화 학생 중 상당수는 '중도입국청소년'이다. 이들은 외국에서 성장하다 부모의 한국 취업으로 뒤늦게 한국 교육 시스템에 편입된 아동들로, 불완전한 한국어 습득 상태에서 학업 적응이라는 이중고를 겪는다. 교육부는 이를 위해 '한국어학급'을 운영하며 기초 언어 교육을 제공하고 있다. 원곡초 학생들은 오전 정규 수업 후, 오후에는 한국어 집중반에서 언어 훈련을 받는 방식으로 교육을 받는다.

원곡초 교사들은 학생 개개인의 이질적인 배경을 존중하는 동시에 교육적 균형을 잡기 위해 헌신하고 있다. 한 교사는 수

학 개념 설명을 한국어와 영어로 병행하고, 또 다른 교사는 과학 실험 용어를 다문화 담당 교사와 협력하여 다국어로 제공하기도 한다. 쉬는 시간 학생들이 서로의 언어를 가르쳐 주고, 급식 시간에는 메뉴 이름 번역에 웃음이 터지는 모습은 교실이 단순한 배움의 공간을 넘어 '문화 교류와 이해의 장(場)'이 되고 있음을 보여 준다.

그러나 교실의 풍경이 마냥 낭만적인 것만은 아니다. 언어 차이와 문화적 오해로 인한 또래 갈등, 한국어 미숙으로 인한 학업 성취도 격차 등 해결해야 할 현실적인 어려움이 존재한다. 특히 부모 세대가 제조업, 건설업 등 장시간 노동에 종사하면서 발생하는 돌봄 공백은 학습 지원의 미흡으로 이어진다.

원곡초는 이러한 난제를 해소하기 위해 다문화센터와 연계한 통역 봉사자 배치, 다국어 안내문 제작 등을 진행하고 있다. 또한 지역 교회와 시민단체가 방과후 돌봄 교실을 운영하며 공동체 차원에서 학습 지원과 생활 지도를 보완하고 있다.

그럼에도 불구하고 중학교 진학 후 조기 학업 중단으로 이어지는 학력 격차는 이들의 사회적 배제 가능성으로 직결되는 심각한 문제다. 이주배경청소년 지원은 단순한 복지 차원을 넘어, 학습권 보장 → 사회통합 → 미래 인적 자원 확보라는 국가적 과제와 직결되는 장기적 정책 투자가 요구된다. 원곡초의 교실은 '함께 살기'의 가능성을 실험하는 공간이다. 아이들이 언어와 문화의 장벽을 넘어 친구가 되어 가는 모습은 다문화 사회로 변모하는 한국의 역사적 장면이며, 앞으로 한국이 어떤 교육제도와 사회정책을 통해 다양성을 포용할 수 있을지 보여주는 중요한 지표가 된다.

화성 발안만세시장: '작은 아시아'의 경제적 공존

토요일 저녁, 경기도 화성시 발안만세시장 골목은 한국 전통시장에서는 이례적인 다국적 풍경을 연출한다. 중앙아시아의 전통 빵인 '난' 굽는 냄새와 베트남 쌀국수 냄새가 뒤섞이고, 가게 간판에는 한글과 러시아어, 베트남어, 우즈베크어가 나란히 새겨져 있다. 이곳은 이제 '작은 아시아'라는 별칭이 과언이 아닐 정도로 다문화 상권의 중심지가 되었다.

발안만세시장은 원래 재래시장이었으나, 2000년대 이후 인근 발안산업단지와 농촌 지역에 외국인 근로자가 대거 유입되면서 상권이 급변했다. 2020년대 들어 주말 방문객의 절반 이상이 외국인 고객으로 추정될 만큼(한국경제, 2024), 중앙아시아 출신 이주민을 중심으로 새로운 상업 네트워크가 형성되었다. 소매점과 식당 외에도 송금, 국제택배, 휴대폰 개통 등 이주민 생활 밀착형 서비스업이 자리 잡으며, 시장은 단순한 상거래를 넘어 이주민들이 향수를 달래고 모국어로 소통하는 생활 공동체 공간이 되었다.

한국인 상인들 역시 변화된 고객층에 맞춰 새로운 메뉴를 도입하고 다국어 가격표를 부착하는 등 변화를 수용했다. 주말 외국인 고객 유입으로 평일 대비 매출이 두 배 이상 늘어나는 사례는 이주민이 지역 경제 침체를 극복하는 활력소가 될 수 있음을 증명한다. 나아가 고려인·몽골인 상인과 한국인 상인이 공동으로 물품을 조달하고 판매하는 다국적 협업 모델도 등장하며 시장의 생태계가 확장되고 있다.

발안만세시장의 변화에 대한 지역 사회의 시선은 엇갈린다. 한편으로는 "시장에 활력이 돌아왔다"는 긍정적 반응이 있다. 외국인 손님이 늘면서 주말 저녁은 북적이고, 상권이 침체에서 벗어났다는 평가다. 그러나 일부 주민은 '이질감'을 호소한다. 외국어가 난무하고, 낯선 음식 냄새가 진동하는 풍경이 불편하다는 것이다. 특히 청소년들의 집결이나 외국인들의 음주문화가 과장되게 보도되면서 갈등의 불씨가 되기도 했다.

지자체는 다문화 축제, 다국어 안내문 병행, 치안 강화 등을 통해 갈등 완화를 시도하고 있다. 그러나 보다 근본적으로는 이주민을 '일시적 관광객'으로 홍보할 것인가, '정주하는 생활주민'으로 포용할 것인가에 대한 정책적 방향 설정이 필요하다.

발안만세시장은 이주민이 단순한 노동 현장을 넘어 소비자, 상인, 이웃으로서 지역 경제와 생활 세계에 깊이 스며들고 있음을 압축적으로 보여 준다. 이곳은 갈등과 협력, 불편과 활력이 공존하는 중요한 사회적 장(場)이며, 다문화가 지역 사회를 어떻게 변화시키는지 구체적으로 드러내는 현실 공간이다.

광주 고려인 마을의 자조 네트워크: 경계인의 귀환과 연대

 광주광역시 북구 월곡동의 '고려인 마을'은 낯익은 한국의 풍경 속에 러시아어와 카자흐어 간판이 뒤섞여 있는 독특한 이주민 집거지이다. 이곳 주민들은 1937년 스탈린에 의해 중앙아시아로 강제 이주당했던 고려인의 후손들이다. 1990년대 이후 재외동포 비자(F-4)를 통해 '조상의 땅'으로 돌아왔지만, 언어와 생활양식의 차이로 인해 한국 땅에서 다시금 '이방인'이 되었다. 서울 등 수도권의 높은 주거비 부담을 피해 상대적으로 집값이 저렴하고 일자리가 있는 광주로 이주하면서 월곡동에 공동체가 형성되었다.

 고려인들의 정착 과정은 언어 장벽 등 어려움의 연속이었지만, 바로 이 지점에서 고려인 공동체의 강력한 자조(自助) 네트워크가 발휘되었다. 주민들은 스스로 협력 조직을 만들어 서로의 삶을 지탱했다.

 첫 번째 시도는 교육사업이었다. 마을의 작은 건물에서는 '야학'이 운영되어 아이들에게 한국어와 함께 러시아어 및 고려인

역사를 가르치며 이중 언어 능력과 정체성을 키우는 울타리가 되었다.

두 번째는 돌봄사업으로 맞벌이 가정이 많은 특성상 이웃 간 품앗이 형태의 돌봄이 이루어졌고, 교회나 시민단체와 연계된 방과후 프로그램이 돌봄 공백을 메웠다.

마지막은 경제, 생활 조직의 구성이었다. 마을 상인들은 '상호부조회'를 통해 생활 자금을 융통하고, 병원 방문 시 러시아어 통역 봉사자가 동행하는 등, 공적 제도의 손길이 닿지 못하는 영역을 민간 차원의 사회안전망으로 보완했다.

언론은 때때로 이 지역을 '치안 취약 지역'으로 묘사하고 일부 내국인은 이질감을 호소하기도 하지만, 고려인 마을은 광주 경제의 새로운 활력소로 기능하고 있다. 고려인들이 운영하는 식당과 상점은 지역민에게 새로운 문화적 경험을 제공하며 노동시장의 공백을 메우는 역할을 수행하고 있다.

무엇보다 고려인 마을이 보여 주는 공동체적 회복력은 핵심적인 교훈을 던진다. 이들은 스스로의 힘으로 생존을 넘어 공동체를 꾸려냈으며, 이러한 자조 네트워크는 제도적 공백을 메우는 귀중한 사회적 자원이 되었다. 자생적인 교육·문화 프로그램이 이제 한국인 주민도 함께 참여하는 형태로 발전하는 것은 공동체의 힘이 지역사회의 포용성으로 확장될 수 있음을 보여 준다.

그러나 여전히 주거 환경의 열악함, 청소년의 학업 중단, 장기 체류 자격의 불안정 등은 마을의 구조적 그림자다. 정부와 지자체는 고려인들의 자조 네트워크를 존중하면서도, 제도적 안전망을 확충하여 이들이 한국 사회의 당당한 구성원으로 자리매김할 수 있도록 지원해야 한다. 고려인 마을의 사례는 한국 사회가 다문화 시대를 단순한 관리 대상이 아닌, 공동체적 회복과 성장의 모델로 바라볼 수 있는지를 가늠하는 중요한 척도가 될 것이다.

4. 인구소멸 시대의 이주민

'우리끼리'에서 '함께 살기'로의 인식 전환

2024년 한국의 합계출산율은 0.75라는 세계 최저 수준에 머물렀다. 출생아 수 대비 사망자 수가 압도적으로 많아 사상 유례없는 '인구 자연감소'가 지속되고 있다. 통계청의 전망처럼 인구 감소 추세는 앞으로도 이어질 것이며, 이미 농촌과 지방 중소도시는 '소멸 위험 지역'으로 분류되고 있다. 초등학교 학급이 줄고, 대중교통 노선이 사라지며, 의료 서비스가 후퇴하는 공동체 기반 붕괴 현상이 일상화되고 있다.

이러한 구조적 위기 속에서도 한국 사회의 주류 담론은 여전히 "우리끼리"라는 배타적인 틀에 갇혀 있다. 출산율 제고, 지방 인구 유인, 노년층 노동 참여 독려 등 내부 정책만으로는 구조적 위기 극복이 어려움에도 불구하고, 이주민은 정치와 언론

담론 속에서 '보조 인력'또는 '잠정적 외부자'로만 다뤄진다. 외국인은 일시적으로 도움을 주는 손에 불과하다는 인식이 여전히 강하게 작용하고 있다.

그러나 현실은 이 인식과 첨예하게 대립한다. 경기도 안산·화성, 충북 음성 등 산업·농업 지역은 이미 외국인 없이는 경제와 공동체 유지가 불가능한 수준이다. 원곡초등학교 교실의 다국어 소통, 발안만세시장의 다국적 상거래는 한국 사회가 이미 '함께 살고 있는' 현실을 명확히 보여 준다. 이주민은 단순한 '손님'이 아니라, 주민으로서 일상을 공유하는 핵심 구성원인 것이다.

그럼에도 불구하고 제도와 사회적 인식은 이 변화를 따라가지 못하고 있다. 공공임대주택 입주 비율을 둘러싼 갈등, 이주민 지원 예산에 대한 반발 등은 이들을 여전히 '외부자'로 규정하는 불안한 인식에서 비롯된다. "우리끼리의 사회를 유지해야 한다"는 불안이 외국인에 대한 거부감으로 전환되는 것이다.

이제 한국 사회에 필요한 것은 인식의 대전환이다. '우리끼리'라는 배타적 틀에서 벗어나, '함께 살기'라는 공존의 시각을 사회 전반에 확산시켜야 한다. 이 전환은 단순한 도덕적 권유가 아니라, 인구 구조와 경제 현실이 강제하는 생존 전략이다. 노동시장 공백, 지방 소멸 위기, 돌봄 인력 부족 등은 이주민의 존재를 전제로 한 대책 없이는 해결될 수 없는 구조적 문제이기 때문이다.

물론 '함께 살기'는 자연스럽게 주어지지 않는다. 제도와 정책이 이를 뒷받침해야 한다. 학교에서는 중도입국청소년을 위한 보충 수업을 넘어, 정규 교육과정 속에서 다양성을 인정하고 존중하는 방향으로 전환해야 한다. 주거정책에서는 외국인 배제를 전제로 한 임대주택 관리가 아니라, 공동체 차원의 안정적 거주를 가능하게 하는 제도를 마련해야 한다. 노동시장에서는 단순히 인력을 도입하는 데 그치지 않고, 장기 체류와 숙련 형성, 가족 동반이 가능하도록 설계해야 한다.

무엇보다 중요한 것은 사회적 상상력이다. '우리'와 '그들'이라는 경계를 유지한 채 다문화 사회로의 이행은 불가능하다. 울산 아프간 난민 정착 사례가 보여 주듯, 초기 갈등은 시간이 지나 아이들의 학교 적응과 부모의 취업을 통해 점차 이웃으로 받아들이는 과정으로 전환될 수 있다. 이것이 바로 '함께 살기'의 전환이 일어나는 지점이다.

인구소멸 시대에 이주민은 더 이상 선택 가능한 옵션이 아니라, 한국 사회의 지속가능성을 위한 필수 조건이다. 한국 사회가 이들을 '외국인'이라는 경계로 떼어내지 않고, 같은 시간과 공간을 살아가는 '이웃'으로 인정하는 일이 곧 인구 위기를 돌파하고 더 나은 사회로 나아갈 수 있는 첫걸음이다.

가족·젠더·세대의 다양화: 한국 사회 재생산의 새로운 형태

이주민의 정착은 한국 사회의 가족 형태에 가장 근본적인 변화를 가져오고 있다. 과거의 전형적인 핵가족 중심의 상상은 막을 내리고, 이제는 다문화가정, 외국인 동반 가족, 이주민 2세대가 꾸려 가는 신세대 가족 등 다양한 조합의 가족이 한국 사회를 구성하는 일상적인 형태가 되었다.

2024년 말 기준 다문화가정은 약 37만 가구에 달하며, 특히 농촌과 중소도시에서 결혼이주여성은 지역 공동체의 재생산을 실질적으로 떠받치는 주체가 되었다. 최근에는 외국인 근로자가 장기 체류 후 본국 가족을 초청하는 '외국인 동반 가족' 사례가 증가하면서, 가족의 형태는 국경을 횡단하며 형성되는 초국가적 가족(Transnational Family)의 성격을 띠게 되었다.

가족 구조의 변화는 곧 젠더 역할의 재편으로 이어진다. 결혼이주여성은 가정 내 돌봄과 양육을 담당함과 동시에 농촌 및 도시에서 노동을 병행하는 경우가 많다. 이들 중 일부는 한국어 능력을 바탕으로 다문화센터 강사, 통번역가, 지역사회 활동가로 성장하기도 했다. 외국인 남성 노동자들 역시 한국인

여성과 결혼하여 가정을 이루면서, 전통적인 성별 분업의 틀이 점차 흔들리고 돌봄의 책임이 다문화적·초국가적 맥락에서 새롭게 조정되고 있다.

특히 돌봄 및 요양 분야에서의 인력 부족은 이주민 인력 도입을 가속화하고 있다. 서울시의 필리핀 가사도우미 시범사업이나 외국인 요양보호사 양성 논의는 돌봄 체계 유지를 위해 이주민 인력이 필수적임을 보여 준다. 이주 여성은 가정의 아내·어머니일 뿐만 아니라, 한국 사회 전체의 돌봄 체계를 지탱하는 '보이지 않는 노동자'가 되고 있는 것이다. 이는 젠더와 이주가 교차하는 한국 사회의 현실을 극명하게 드러낸다.

세대의 층위에서도 변화는 뚜렷하다. 1세대 이주민이 생계를 중심으로 했다면, 2세대는 한국에서 태어나 자라며 이중 언어 환경과 다문화적 정체성을 가진 한국 사회의 '다음 세대'를 형성한다. 2023년 전국 초·중·고교에 재학 중인 다문화 학생은 약 18만 명으로 전체 학생의 3.5%를 차지했다.

이들 중 일부는 학업 중단의 위험에 노출되어 있지만, 동시에 대학 진학, 통번역, 전문 인력 등 새로운 진로와 가능성을 보여 주는 사례도 늘고 있다. 이주민 2세대의 교육과 진로 문제는 단순히 개인 문제가 아닌, 한국 사회의 장기적인 인적 자원 재구성에 직접적으로 연결된다.

가족·젠더·세대의 다양화는 이주민이 더 이상 일시적인 노동력이나 외부인이 아니라, 한국 사회의 재생산 구조 안으로 깊숙이 들어와 있음을 시사한다. 이 변화를 수용하기 위해서는 제도와 정책이 '다양화'를 정상적인 조건으로 전제해야 한다.

교육 분야에서는 다문화 학생을 위한 보충 학습을 넘어, 모든 학생이 다양성을 존중하도록 교육과정을 설계해야 한다. 돌봄 분야에서는 이주민 인력을 단순한 저임금 노동력이 아닌, 숙련된 전문 인력으로 인정하고 자격과 권리를 제도적으로 보장해야 한다. 마지막으로 가족 정책 분야에서는 '전통적 핵가족'만을 기준으로 하지 않고, 초국가적 가족과 다양한 돌봄 관계를 반영해야 한다.

가족·젠더·세대의 다양화는 한국 사회가 인구 위기 속에서 어떤 미래를 설계할 것인지 묻는 질문이며, 다양성을 사회의 정상적인 조건으로 받아들일 때 비로소 한국 사회는 새로운 활력을 얻을 수 있다.

지역소멸 대응과 이민정책의 정합성: 주민으로의 정책 전환

한국 사회가 직면한 가장 심각한 위기 중 하나는 '지역소멸'이다. 전국 시·군·구의 절반 이상이 소멸 위험 지역으로 분류될 만큼(통계청, 2022), 농촌과 지방 소도시는 공동체 기반 자체가 무너질 위기에 처해 있다. 인구 감소와 경제 침체가 악순환을 이루고 있다.

이러한 현실에서 이민정책은 중요한 해법이 될 수 있음에도, 한국의 정책은 여전히 단편적인 노동력 수급에 머물러 있다. 노동력 부족을 메우기 위한 외국인 근로자 도입 정책은 존재하지만, 이들을 장기적인 주민으로 정착시키려는 정책은 부재하다. 즉, 지역소멸을 막기 위한 전략과 이민정책이 서로 정합성을 갖지 못한 채 따로 움직이는것이다.

예컨대 농촌의 계절근로자(E-8 비자)는 일손 부족을 일시적으로 해결하지만, 이들이 지역의 생활 공동체에 뿌리내릴 수 있는 제도적 장치가 없어 '필요할 때 쓰고 돌려보내는' 구조가 반복된다. 이러한 단기적 구조로는 지역 인구 감소 문제를 결코 해결할 수 없다.

그러나 이미 여러 지역에서 이주민이 소멸 위기를 늦추는 효과를 입증하고 있다. 전남 해남에서는 외국인 계절근로자가 농촌의 지속성을 지탱하고 있고, 경북 의성군 일부 마을에서는 베트남과 필리핀 출신 여성들이 결혼을 통해 공동체를 유지하고 있다. 안산·화성 같은 산업도시에서는 외국인 주민이 늘어나면서 학령인구 감소에도 불구하고 학교가 유지된다. 이러한 사례들은 이민정책을 단순한 노동력 수급 정책이 아닌, 지역사회 유지 및 재생 전략의 핵심 요소로 재설계해야 함을 보여 준다. 한국지방행정연구원 역시 2025년 보고서에서 "외국인 인력은 지방을 되살릴 열쇠"라고 지적했다.

지역소멸 대응과 이민정책의 정합성을 확보하기 위해서는 두 가지 핵심 과제가 필수적이다.

이주민을 '단기 체류자'가 아닌 '주민'으로 인정하는 정책 전환이 첫 번째이다. 장기 체류를 가능하게 하는 비자 제도, 가족 동반 허용, 주거 안정 지원이 결합되어야 지역 인구 감소를 막는 실질적 효과를 기대할 수 있다.

두 번째는 지역 단위의 포용적 제도적 기반 마련이다. 언어교육, 돌봄 및 의료 서비스, 지역사회 참여 기회가 보장되어야 이주민이 도시로 이탈하지 않고 마을에 정착할 수 있다.

이주민을 '노동력' 이상으로 포용하는 제도적 장치가 마련될 때, 그들의 자녀가 학교와 지역사회에 정착할 때 비로소 인구구조의 선순환이 가능해진다. 지역소멸 대응과 이민정책의 정합성은 이주민을 어떻게 정의하고 어떤 공동체를 지향할 것인가의 문제다.

노동력 도입과 지역 인구 문제를 분리하는 현재의 방식으로는 두 정책 모두 한계를 드러낼 수밖에 없다. 두 영역을 결합한 "지역소멸 대응형 이민정책"을 설계할 때, 이주민은 단순한 외부 인력이 아닌 지역사회를 함께 살리는 동반자가 될 수 있다.

결국 질문은 명확하다. 우리는 이주민을 일시적 손으로 남겨둘 것인가, 아니면 미래의 이웃으로 받아들일 것인가. 지역소멸의 위기 앞에서, '함께 살기'로 나아가는 정책적 결단은 더 이상 미룰 수 없는 사회적 생존 전략이다.

3부

'사장님 나빠요' 이후 20년

— 혐오에서 상호의존으로

1 이주노동자에 대한 인식 변화

2 이주노동자 vs 한국인 노동자
  : 모두가 불만족한 구조적 비평등

3 이주노동자가 사라지면 멈추는 것들

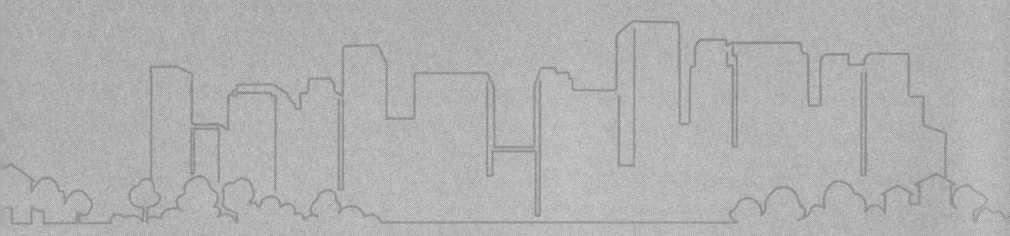

1. 이주노동자에 대한 인식 변화

'블랑카'가 던진 질문과 변화

2000년대 중반, KBS 코미디 프로그램에 등장했던 '블랑카' 캐릭터는 코미디언 정철규가 스리랑카 출신 이주노동자를 패러디한 인물이었다. 그가 외친 "사장님 나빠요"라는 대사는 당시 폭발적인 유행어가 되었고, 대중은 이 대사를 일상에서까지 패러디하며 소비했다.

당시 시청자들이 웃음을 느낀 이유는 여러 층위에서 설명될 수 있다. 첫째, 발음을 과장해 재현한 한국어 억양이 낯설고 우스꽝스럽다고 여겨졌다는 점이다. 둘째, '사장님 나빠요'라는 대사가 함축하는 노동현장의 불평등—장시간 노동, 임금 체불, 폭언과 차별—은 이미 이주노동자들 사이에서 일상적으로 경험되는 일이었고, 관객은 그 현실을 코미디적 장치로 소비했다. 셋째, 한국 사회가 아직 다문화적 감수성에 익숙하지 않았던 시기였기 때문에, 외국인의 고충은 공감의 대상이 아니라 희화화의 대상이 될 수 있었다.

20년이 지난 지금, '블랑카'는 다시 소환되고 있다. 2010년대 후반 이후 '혐오 표현'이라는 개념이 본격적으로 공론화되면서, 과거 방송 콘텐츠 '블랑카'에 대한 재평가가 이뤄졌다. 국가인권위원회가 2019년 발표한 『혐오표현 리포트』는 혐오의 요소를 특정 집단 대상성, 언어적 행위, 차별·폭력 선동 가능성으로 정의하며, 방송과 미디어 역시 이를 경계해야 한다고 권고했다. 이어 방송통신심의위원회는 2024년 7월 정보통신 심의규정을 개정하여 온라인 혐오 표현 대응을 강화했다. 과거에 '풍자'로 소비된 블랑카의 대사들은 이러한 새로운 기준에 적용해 보면, 명백히 차별적 재현으로 분류될 가능성이 크다.

당시 수만 명의 이주노동자들이 고용허가제를 통해 제조업과 건설업에 종사하며 임금체불, 산재, 불법체류 문제 등을 겪고 있었지만, 이러한 현실은 주류 대중문화 속에서 심각하게 다뤄지지 못했다. 오히려 "사장님 나빠요"라는 단순화된 외침으로 소비되었다. 2020년대의 시점에서 이 장면을 재해석하면,

'블랑카'는 단순한 캐릭터가 아니라 한국 사회의 집단적 무의식을 드러낸 사건이다. 이주노동자의 현실은 보이지 않았고, 그들의 언어는 풍자의 소재로만 소비되었다.

그러나 현재 한국 사회는 농촌의 계절노동, 도시의 물류센터, 요양병원 등 이주노동자의 손길이 없으면 유지될 수 없는 상호의존적인 구조가 되었다. 2005년에는 웃음의 소재였던 그들의 외침이, 2025년에는 '사회 멈춤'의 실상을 드러내는 경고음으로 읽히는 것이다.

'블랑카'는 한국 사회의 다문화 전환기를 이해하는 중요한 키워드이자, 과거의 무감각을 성찰하는 텍스트이다. 앞으로의 과제는 명확하다. 첫째, 미디어는 더 이상 외국인을 '타자화'하는 방식으로 웃음을 생산해서는 안 된다. 혐오 표현 규제와 윤리적 자기검열은 단순히 정치적 올바름의 문제가 아니라, 사회적 신뢰와 통합을 위한 최소 조건이다. 둘째, 이주노동자의 목소리를 직접 반영하는 서사가 필요하다. 과거 '블랑카'가 상징적 재현이었다면, 오늘날에는 이주노동자 당사자의 삶과 언어를 전면에 드러내는 다큐멘터리, 인터뷰, 문학적 시도가 요구된다. 셋째, 교육과 공론장을 통해 과거의 재현 방식을 비판적으로 학습하는 과정이 필요하다.

2005년의 "사장님 나빠요"는 이제 희화화의 도구가 아닌, 상호의존의 조건과 사회적 성찰을 담은 언어로 바뀌어야 한다. 그럴 때에야 '블랑카'는 한국 사회가 반드시 성찰해야 할 질문을 던지는 역사적 장면으로 자리매김할 수 있을 것이다.

일본보다 한국을 선택하는 요인들

21세기 들어 한국과 일본은 모두 노동력 부족 해소를 위해 이주노동자 유치 경쟁을 벌이고 있다. 최근 외국인 근로자들 사이에서 한국을 선호하는 추세가 뚜렷하게 나타나고 있으며, 이는 단순한 임금 수준을 넘어선 종합적인 정착 가능성 패키지에 달려 있다.

네팔 출신 노동자 아닐 씨의 인터뷰(헤럴드경제, 2025.10.10)에서 "한국은 네팔인이 가장 일하고 싶어하는 나라"이며, "일본은 임금 차별과 높은 생활비 때문에 선택하지 않았다"는 발언은 이러한 선호의 이유를 압축적으로 보여준다. 한국의 고용허가제(EPS)가 민간 개입 없이 국가 간 계약 시스템으로 운영되어 높은 신뢰도를 형성한다는 점도 핵심적인 요인으로 작용한다.

이주노동자가 한국을 선택하는 주요 요인은 다음과 같다.
첫째는 임금의 차이이다. 한국의 2025년 최저임금(시급 10,030원, 월 약 209만 원)은 일본의 전국 평균 최저임금(1,004엔)과 환율을 고려할 때 비슷하거나 다소 높다. 그러나 실제 체감 소득은 한국이 상대적으로 높다.

- **한국**: 고용허가제 사업장에서 기숙사와 식사가 제공되는 경우가 많아 생활비 부담이 낮다.
- **일본**: 기숙사 임대료, 생활비가 별도로 부과되는 경우가 많아 저축 가능성이 상대적으로 낮다.

이러한 가처분 소득의 차이가 한국을 선택하는 가장 중요한 경제적 요인으로 작용한다.

둘째, 체류 자격과 비자 제도를 비교할 필요가 있다. 한국의 고용허가제는 2004년부터 합법적 체류와 사회보험 가입을 보장해 왔으며, 최근에는 E-7-4 숙련기능인력 비자와 지역특화형 숙련비자(E-7-4R)를 신설하여 장기 체류와 영주권 전환의 길을 열고 있다. 반면, 일본은 오랫동안 '기술연수생' 제도를 운영하며 저임금 노동을 유발한다는 비판을 받다가, 2024년에야 해당 제도를 공식 폐지하고 '특정기능(SSW) 비자'로 일원화하는 등 뒤늦게 구조 개편에 나섰다. 이러한 체류 안정성 확보 노력에서 한국이 점진적인 우위를 확보하고 있다.

셋째, 생활 조건의 차이가 있다. 한국의 고용허가제 사업장은 법적으로 숙소 및 보험 가입을 보장해야 한다. 또한 대도시권의 뛰어난 대중교통 접근성과 건강보험 가입을 통한 의료 접근성 보장도 중요한 장점이다. 일본의 경우 숙소 제공 의무화가 미흡하여 생활비 부담이 크고, 언어 장벽 및 의료비 문제가 상대적으로 더 크게 지적된다. 이러한 '살기 편한 곳'이라는 인상이 젊은 이주노동자들에게는 중요한 선택 요인으로 작용한다.

넷째, 언한류 및 문화 환경의 영향이다. 한류 문화의 세계적 확산으로 인한 한국어 학습 열풍은 잠재적 이주노동자들에게 한국을 '친숙한 나라'로 인식하게 한다. 반면, 일본은 상대적으로 엄격한 체류 제한 등으로 '닫힌 사회'라는 인식이 강해 이주국가 선택에 영향을 미친다.

이 모든 요인을 종합할 때, 이주노동자가 한국을 선택하는 것은 단순한 경제적 계산이 아닌 '실질 가처분 소득의 우위'와 '체류 안정성'을 핵심으로 하는 종합적 조건의 산물이다.

그러나 한국은 일본의 제도 유연화에 대비하여, 단순 임금 수준을 넘어 주거, 교육, 가족 동반, 사회적 포용성을 포함한 장기적인 통합 정책을 마련해야 한다. 이주노동자가 "고용주 때문이 아니라 한국 사회 때문에" 한국을 선택하는 구조를 만드는 것이 장기적인 경쟁력 유지의 핵심이다.

다문화 일상화와 인식 전환

2005년 무렵, 한국 사회에서 외국인은 코미디 캐릭터(블랑카)나 일용직 노동자 등 여전히 낯선 존재였다. '다문화'라는 단어는 주로 농촌의 결혼이주여성이나 잠시 스쳐 지나가는 외국인 근로자를 의미했으며, 한국인의 일상 속에서 이들은 '이방인'으로 남아 있었다.

그러나 20년이 흐른 지금, 한국 사회의 풍경은 근본적으로 달라졌다. 인구 구성의 변화가 가장 크다. 경기·충청·전남 등 여러 기초지자체에서는 주민의 10% 이상이 외국인일 정도로 이주민의 비중이 높아졌다. 교육 현장도 변하였다. 2006년 0.2%에 불과했던 다문화 학생 비율은 2023년 3.9%로 증가했으며, 농촌의 일부 학교에서는 다문화 학생이 절반을 차지하는 경우도 흔하다. 이제 다문화는 통계 속 특별한 분류가 아니라, 교실과 마을의 일상적인 풍경으로 자리 잡았다.

사회적 변화와 함께 정책적 전환도 이루어졌다. 2008년 제정된 「다문화가족지원법」은 지원 범위를 결혼이주여성 적응에서 다문화 아동 교육 및 청소년 진로 지원 등으로 확대했다. 법무부 역시 고용허가제를 넘어 숙련기능인력(E-7-4) 확대나 지역특화형 비자 제도를 도입하며, 외국인을 단순한 '임시 노동력'에서 '잠재적 정주민'으로 인정하는 방향으로 나아가고 있다. 이러한 정책 변화는 사회적 인식 변화를 뒷받침하는 동시에 그것을 견인하는 역할을 했다.

 분명한 사실은, 외국인이 더 이상 주변부에 머물지 않고 한국 사회의 일상 속으로 깊숙이 들어왔다는 점이다. 거리의 식당, 물류센터, 놀이터, 학교, 병원 등에서 그들은 이미 이웃, 동료, 동급생으로 함께 살아가고 있다.

중요한 것은 이 변화가 자연스러운 흐름이 되었을 때, 차별과 배제의 언어는 설 자리를 잃게 된다는 점이다. 다문화의 일상화는 결국 한국 사회가 '이방인'을 '이웃'으로 완전히 받아들이는 공존의 마지막 단계를 의미한다.

2. 이주노동자 vs 한국인 노동자: 모두가 불만족한 구조적 비평등

모두가 불만족한 임금과 복지 구조

한국 노동시장에서 외국인 근로자는 법적 최소치인 내국인과 동일한 최저임금(2025년 시급 10,030원)을 적용받는다. 이러한 임금의 형식적 평등은 곧 '소득의 비평등'과 '제도의 비평등'이라는 두 가지 모순을 낳으며, 내국인과 외국인 모두가 불만족하는 역설적인 상황을 초래하고 있다.

내국인 청년 노동자가 도시에서 주거를 해결할 경우, 월세, 식비, 교통비 등 필수적인 고정 생활비가 급여의 상당 부분을 잠식하며 실질 가처분소득을 압박한다. 이들은 같은 임금으로도 생활의 질 저하를 경험하며 경제적 박탈감을 호소한다.

반면, 외국인 근로자들은 사업장에서 제공하는 기숙사와 식사를 이용하는 경우가 많아 주거와 생활비 부담이 상대적으로 경감된다. 숙식비가 공제되더라도 그 금액은 내국인의 실질 주거비용에 비해 현저히 낮아, 동일한 임금 수준에서도 더 높은 저축 또는 송금 여력을 갖게 된다. 이것이 내국인이 느끼는 '역차별'의 근거가 된다.

그러나 외국인 근로자들 역시 '제도적 보호의 부재'라는 심각한 불안을 안고 있다. 이들은 산재보험과 건강보험에는 가입되지만, 고용보험 적용 및 실업급여 수급이 제한적이며, 국민연금 또한 협정국에만 한정된다. 기초생활보장이나 아동수당과 같은 핵심 사회 복지 혜택에서 배제되는 경우가 많아, 보험료를 납부하면서도 정작 필요할 때 보호받지 못하는 제도적 박탈감을 경험한다.

결국, 한국 노동시장은 내국인의 경제적 박탈감과 외국인의 제도적 박탈감이라는 이질적인 두 가지 불만을 동시에 생산한다. 형식적인 임금 평등 아래, 한쪽은 "벌어도 남지 않는다"고 좌절하고 다른 한쪽은 "일을 해도 불안하다"고 호소하는, 모두가 만족하지 못하는 구조적 비대칭성이 현재 한국 노동시장의 단면을 형성하고 있다.

가처분소득 역전의 경로: 구조적 비용 분담의 불균형

동일한 명목 임금에도 불구하고 외국인 근로자가 내국인 청년보다 더 많은 금액을 저축하거나 송금할 수 있는 가처분소득 역전 현상은, 한국 사회의 심각한 구조적 비용 분담의 불균형을 선명하게 보여 준다.

이 현상의 핵심 원인은 주거 및 생활비 지출 구조에 있다. 내국인 청년은 원룸 월세 등으로 급여의 4분의 1 이상을 주거 비용으로 지출하며, 여기에 식비, 교통비 등이 더해져 소득의 절반 가까이가 고정 비용에 묶인다. 이는 한국 청년층이 처한 과도한 주거 비용 압박이라는 구조적 현실을 반영한다.

반면, 외국인 근로자에게는 사업장이 숙소와 식사를 제공하는 방식이 일반적이다. 정부 지침에 따라 임금에서 숙식비가 공제되지만, 이 비용은 내국인이 시장 가격으로 지불하는 월세 및 생활비에 비해 훨씬 낮은 수준으로 제한된다. 결과적으로 외국인 근로자는 근로 환경에 필요한 최소한의 비용만을 지불하며, 송금이나 저축에 활용할 수 있는 가처분소득이 내국인 청년보다 높아지는 구조적 경로가 만들어진다.

이러한 가처분소득 역전은 단순히 외국인에게 부여된 '특혜'가 아니라, 사업장의 인력 유치 필요성과 한국 청년층이 짊어진 높은 주거 비용이 결합하여 낳은 필연적인 결과이다. 이 역전 현상은 일부 내국인 청년들 사이에서 "외국인 때문에 우리가 가난해졌다"는 식의 사회적 갈등을 유발하기도 하지만, 문제의 근본은 외국인의 존재 자체가 아닌, 내국인에게 전가된 과도한 주거·교육·고용 비용 구조에 있음을 통찰해야 한다.

따라서 이 문제의 해법은 외국인 노동자를 제한하는 데 있는 것이 아니라, 내국인의 주거 및 생활비 부담을 실질적으로 경감시키고, 동시에 외국인 근로자에게는 합리적 숙식비 기준과 주거 환경 개선을 보장하는 방향으로 사회 제도를 조정하는 데서 찾아야 한다. 가처분소득 역전은 동일 임금 아래 숨겨진 한국 사회의 구조적 불균형을 드러내는 거울이며, 이 차이를 조정하는 것이 다문화 사회로의 성숙을 위한 필수 과제이다.

지역·업종·규모별 편차와 교차효과

이주노동자의 실질적인 노동 조건과 생활의 안정성은 단일한 임금 수치로 포착되지 않으며, 지역, 업종, 사업장 규모라는 세 가지 변수가 결합하는 교차효과(Intersectionality) 속에서 다층적인 격차 구조를 형성한다.

첫째, 지역별 차이다.
이주노동자 밀집 지역인 수도권 산업단지(예: 경기도 화성, 안산)는 제조업을 중심으로 숙소 및 통근 인프라가 갖춰져 있어 가처분소득 유지에 유리하다. 그러나 비수도권 농촌 지역(예: 전남 영암, 충북 음성)은 계절노동자가 많고 농축수산업이 주를 이루며, 숙소 환경의 열악함과 더불어 대중교통 및 의료 접근성이 낮아 생활의 질과 안정성이 현격히 떨어진다.

둘째, 업종별 차이가 크다.
제조업은 장시간 노동과 빈번한 잔업으로 인해 연장·야간수당을 통해 높은 월 임금을 확보하는 수당 의존적 구조를 보인다. 반면, 건설업은 일당제와 고위험 노동으로 임금 편차가 크고 고용 불안정성이 높다. 특히 농축수산업은 계절적 특성과 단기 비자(E-8)의 제한으로 고용 안정성이 가장 낮으며, 이는 이주노동자의 장기적인 삶의 설계에 큰 장애물로 작용한다.

셋째, 사업장 규모별 차이다.

대기업은 임금과 복지 혜택이 높지만 진입 장벽이 높아 이주노동자의 접근이 어렵다. 역설적으로 50인 미만 영세사업장은 만성적인 인력난 때문에 이주노동자에 대한 의존도가 높고 숙식 제공 혜택이 있어 생활비 절감에는 유리하다. 그러나 동시에 근로기준법 적용의 사각지대에 놓여 장시간 노동과 불안정한 계약에 노출되는 경우가 빈번하다.

이러한 변수들은 복합적으로 작용하여 특정 집단의 노동조건을 극대화하거나 악화시킨다. 경기도 중소 제조업은 숙식 제공과 잔업수당을 결합하여 이주노동자의 가처분소득을 높이는 긍정적 교차효과를 창출하는 대표적인 사례이다. 그러나 비수도권 영세 농촌 농장의 계절노동자는 열악한 숙소, 낮은 의료 접근성, 단기 계약의 불안정성이 중첩되어 동일한 최저임금조차 실질적인 이득으로 연결되지 못하는 부정적 교차효과에 직면한다.

결론적으로, 이주노동자에 대한 정책은 전국 단일 기준이 아닌, 지역·업종·규모별 교차효과를 반영한 다각적이고 정교한 접근을 필요로 한다. 한국 사회가 직면한 과제는 단순한 노동력 수급을 넘어, 이 다층적 불평등을 해소하고 이주노동자의 인간다운 최소 생활 조건을 보장하는 방향으로 제도를 재정비하는 데 있다.

3. 이주노동자가 사라지면 멈추는 것들

제조·건설·농축수산의 필수노동

한국 경제의 근간을 이루는 1차 및 2차 산업, 즉 제조업, 건설업, 농축수산업은 이미 이주노동자 없이는 정상적인 운영이 불가능한 수준에 이르렀다. 이 영역에서 이주노동자는 단순한 '보조 인력'이 아닌, 산업의 연속성을 유지하는 '필수노동자(Essential Worker)'로 확고하게 기능한다.

첫째, 제조업이다.
한국의 중소 제조업은 내국인 구직자가 기피하는 고강도 노동과 상대적으로 낮은 임금을 이주노동자가 감내하며 간신히 지탱하고 있다. 2023년 기준 외국인 취업자의 절반 가까이 (47% 이상)가 제조업에 종사하고 있다는 통계는 이 사실을 뒷받침한다. 경기·인천·충남 등 산업단지에서 외국인 근로자는 생산 라인의 핵심을 차지하며, 반도체 후방산업이나 정밀 가공 등 숙련도가 필요한 부문까지 그 영역을 확장하고 있다. 만약 이들이 일시에 빠져나갈 경우, 생산라인 가동률이 하루 만에 50% 이하로 급락하는 등의 산업적 재앙은 피할 수 없다.

둘째, 건설업이다.

건설업은 내국인 노동력의 고령화가 가장 심각하게 드러나는 분야다. 국토교통부 조사에서 이미 건설 현장 기능인력의 평균 연령이 50세를 넘어섰고, 30대 이하 내국인 인력은 극히 드물다. 이 공백은 골조, 마감, 철근 작업 등 고강도 핵심 공정을 이주노동자가 사실상 전담하는 구조를 만들었다. 일부 대형 건설 현장의 외국인 비율이 40%를 상회하는 현실은, 이주노동자가 사라질 경우 대규모 공사 지연과 분양 일정 차질이 불가피함을 예고한다.

셋째, 농축수산업이다.

농촌은 이미 '이주노동자 없는 수확 자체가 불가능한 구조'에 편입되었다. 농림축산식품부가 2024년 외국인 계절근로자 도입 규모를 7만 5천 명으로 확대한 것은, 농촌의 노동력 부족이 임시적인 현상이 아닌 구조적 문제임을 방증한다. 배추 수확, 과수 재배, 축산 사양 관리, 어선의 선원까지 이주노동자가 담당하며, 2022년 코로나19로 계절근로자 입국이 제한되었을 때 작물의 30% 이상을 폐기해야 했던 사례는 이들의 존재가 곧 생산의 연속성임을 웅변한다.

결론적으로, 제조·건설·농축수산업에서 이주노동자가 담당하는 업무는 산업의 흐름을 이어 주는 생명선(Lifeline)이다. 이들은 더 이상 한국 경제의 '그림자 노동력'이 아니라, 산업별 생명선을 지탱하는 중심축이다. 한국 사회가 이들을 필수적인 사회 구성원으로 인정하고 그에 걸맞은 대우를 할 때, 비로소 지속 가능한 산업 운영이 가능해질 것이다.

생활서비스·돌봄·외식·물류의 연쇄효과

한국 도시의 일상은 더 이상 내국인만으로는 굴러가지 않는다. 아침에 일어나 출근길을 나서면, 지하철역 화장실과 건물 로비를 청소하는 사람들 가운데 상당수가 외국인이다. 퇴근길에 들르는 동네 식당 주방에서는 네팔이나 미얀마 출신 청년들이 허리를 굽혀 설거지를 하고, 대형 물류센터에서는 방글라데시와 캄보디아 노동자들이 새벽 내내 상자를 옮기고 있다. 요양병원 병실에서 노인을 부축하는 손길 역시 더 이상 한국인만의 몫이 아니다. 서비스와 돌봄, 외식과 물류라는 생활의 가장 가까운 영역에서, 외국인의 노동은 이미 우리 삶의 일부가 되었다.

이들의 존재는 겉으로는 잘 보이지 않는다. 그러나 그 노동이 멈추는 순간, 사회 전체의 톱니바퀴가 흔들린다. 건물 청소가 중단되면 하루 만에 공공 공간은 쓰레기로 가득 차고, 노인의 돌봄이 끊기면 가족 전체의 생활이 마비된다. 식당에서 주방 인력이 빠지면 영업시간은 줄어들고, 배달과 물류가 지연되면 온라인 주문은 순식간에 쌓인다. 연쇄효과는 빠르게 확산되고, 사람들은 그제야 "보이지 않던 노동"의 부재를 체감하게 된다.

외식업은 그 전형적인 사례다. 손님이 몰리는 점심시간과 저녁시간을 버텨내기 위해 수많은 식당이 외국인 주방보조에 의존하고 있다. 정부가 2024년부터 아예 음식점업 전체에 외국인력 고용을 공식 허용한 것도, 이미 현장에서는 그들의 노동 없이는 식당 운영이 불가능하다는 사실을 인정한 셈이다. 물류산업 역시 마찬가지다. 온라인 쇼핑이 생활화된 지금, 수도권 물류센터의 포장·분류·상하차는 이주 노동자 없이는 하루도 돌아갈 수 없다. 택배가 하루 이틀 늦어지는 일은 단순한 불편을 넘어, 한국 소비사회의 신뢰 체계에 직접적인 타격을 줄 것이다.

돌봄 영역은 더욱 섬세하다. 고령화가 급격히 진행된 한국에서, 요양병원과 요양시설은 이미 만성적인 인력난을 호소해 왔다. 이 공백을 메운 것은 이주 노동자들이었다. 언어가 서툴고 문화적 차이가 있음에도 불구하고, 그들은 환자의 손을 잡아 주고, 식사를 돕고, 휠체어를 밀어 주며 노년의 일상을 지탱한다. 돌봄의 연속성이 끊기면 가장 먼저 피해를 입는 것은 취약한 환자와 그 가족들이다.

이처럼 생활서비스, 돌봄, 외식, 물류는 산업 통계상의 단순 분류를 넘어 도시의 일상적 시간을 잇는 필수적 기능을 수행한다.

문제는 이들이 일상에 깊이 스며들었음에도 여전히 '값싼 대체 인력'으로 취급된다는 점이다. 숙소 제공의 불안정성과 낮은 사회보험 가입률은 이들을 임시적·보조적 존재로 취급하는 제도적 인식의 잔재이다.

한국 사회가 다문화 공존을 진지하게 고민한다면, 도시의 체온을 유지하는 이 필수 노동 영역에 가장 먼저 시선을 돌려야 한다. 이들을 단순히 "인력난을 메우는 대체재"가 아니라, 우리의 일상을 지탱하는 필수적 사회 구성원으로 인정하고 그에 합당한 노동 조건과 사회적 지위를 부여하는 순간, 한국 사회의 다문화적 전환은 다음 단계로 도약할 수 있을 것이다.

4부

함께 사는 길
— 열린 공공임대주택으로

1 외국인을 배척하는 공공임대주택 변화가 필요하다

2 함께 살기 위한 변화: 단일민족 신화를 넘어 공존으로

3 공공임대주택을 활용한 변화의 첫걸음

1. 외국인을 배척하는 공공임대주택 변화가 필요하다

집은 부족하다는데 공실은 늘어나는 현실

한국 사회에서 집 문제는 늘 '부족하다'는 말로 요약된다. 정부는 해마다 임대주택이 모자란다고 강조하고, 언론은 '하늘의 별 따기'라 불릴 만큼 치열한 청약 경쟁을 보도한다. 그러나 같은 시각, 다른 곳에서는 입주자를 찾지 못한 임대주택이 쌓여간다. 통계에 따르면 전국 공공임대주택의 공실은 2025년 상반기 기준 약 6만 호에 달했다. 전체 재고의 5% 수준으로, 단순히 몇 채의 빈집이 아니라 수만 명이 살 수 있는 집이 놀고 있는 셈이다.

이러한 아이러니는 다음 네 가지 구조적 문제에 뿌리를 두고 있다.

첫째, 정부의 정책 목표가 단순한 '호수' 채우기에 집중된 결과, '어디에 지었는지'에 대한 적합성 판단이 결여되었다. 인구가 집중되어 수요가 폭증하는 수도권 대신, 계획된 숫자를 맞추기 위해 인구가 감소하는 지방 위주로 공급이 늘어나는 현상이 반복된다. 그 결과, 수도권은 주거 대기자가 넘쳐나고 지방은 임대주택이 빈집으로 방치되는 예측 가능한 정책 실패가 발생한다. 이는 국민의 세금으로 지어진 공공임대주택을 건설비와 유지비만 소모하는 '죽은 자산'으로 만들고 있다.

둘째, 임대주택의 유형과 입주자 선정 기준이 지나치게 복잡하다. 영구임대, 국민임대, 행복주택 등 수많은 유형과 소득·자산·연령·세대 구성에 따른 지나치게 세분화된 기준은 진입 장벽을 높이는 주범이다. 제도가 복잡할수록 실제 주거 지원이 절실한 취약계층은 제도를 이해하지 못해 신청조차 포기하는 실질적인 접근성 저하가 발생한다. "임대주택 입주 공부 했으면 서울대 가겠다"는 자조 섞인 농담은 복잡한 관료주의의 산물이다.

셋째, 지역 주민들의 인식도 문제다. 일부 지역 주민들이 임대주택 건립을 반대하는 님비(NIMBY)현상뿐만 아니라, 임대주택 거주에 대한 사회적 낙인 효과도 문제다. 주거비를 절감하려는 부모라도 자녀에게 '저소득층'이라는 사회적 꼬리표가 붙을 것을 우려하여 공공임대 입주를 꺼리는 현실적인 부담감이 존재한다. 이러한 사회적 불신은 정책의 정당성을 흔들고, 공공임대 정책 전반에 대한 회의로 이어진다.

넷째, 제도의 '빈틈'도 크다. 가장 필요한 실수요자를 배제하는 경직된 입주 자격도 공실을 유발한다. 예를 들어, 산업단지형 행복주택은 산단 내 근무하는 젊은 근로자를 위해 지어졌지만, 내국인 청년들이 교통 및 편의시설 부족으로 거주를 기피하는 반면, 정작 해당 지역에서 절실하게 거주가 필요한 외국인 근로자는 자격이 없어 배제된다. 집은 있으나 들어갈 수 있는 문이 막혀 있는 구조적 모순이 공실 방치로 귀결된다.

이 상황을 단순한 임대주택을 건설하는 LH의 잘못이라고 평가절하할 수도 있겠으나, 이 문제는 상당이 심각한 정책적 실패의 결과이다. 공공임대주택은 주거 안정과 복지라는 큰 목표를 두고 설계되어야 하지만, 정치권과 국토부의 "몇만 호 건설"

이라는 슬로건적 목표는 필요에 의한 합리적 시스템에 의한 설계가 아닌 정치적 결정에 의해 정해진 것이다. "몇만 호 건설"은 실제 지역 수요와 맞지 않으면 오히려 세금 낭비로 이어진다. 정책의 실패의 부산물인 공공임대주택 공실은 건설비와 유지비만 잡아먹는 '죽은 자산'이 된다.

더 심각한 문제는, 이런 구조가 반복될수록 사회적 불신이 커진다는 점이다. 임대주택 정책은 서민과 청년, 취약계층을 위한 '공공복지'라는 명분을 갖고 있다. 그러나 임대주택 공실 6만 호라는 신문기사는 사람들에게 임대주택은 빈집과 낭비된 세금이라는 선입견을 남기게 된다. "우리 세금으로 짓고선, 아무도 안 사는 집을 왜 만들었나"라는 불만은 정책 전체에 대한 회의로 이어진다. 이는 결국 공공임대 정책의 정당성 자체를 흔드는 위험 요소가 된다.

그렇다면 해법은 무엇일까.

첫째, 공급 목표를 단순 '호수'가 아니라 '적합성'으로 바꿔야 한다. 수요가 없는 곳에 집을 지으면 공실만 늘어난다. 정밀한 지역별 수요 조사가 선행되어야 한다.

둘째, 사회적 취약계층 우선이라는 원칙을 유지하되, 세부 기준을 대폭 단순화하여 실수요자의 접근성을 높여야 한다.

셋째, 산업 현장의 필수 인력인 외국인 근로자 등 실수요자에게 단계적으로 공실을 활용할 수 있도록 문호를 열어, 공실을 최소화하고 사회적 합의를 형성해야 한다.

"집은 부족하다는데 공실은 늘어난다"는 역설은, 한국 주거 정책이 양적 성장 신화에 갇혀 실제 수요와 동떨어진 '잘못된 공급'을 해 왔음을 보여 준다. 이 과제를 해결하지 못한다면, 공공임대 정책은 늘 "많지만 부족한 집"이라는 모순 속에 머물 것이다.

복잡한 임대주택제도 변화가 필요하다

한국의 공공임대주택은 이름부터가 다양하다. 영구임대, 국민임대, 행복주택, 공공지원 민간임대, 통합공공임대…. 듣기만 해도 헷갈릴 정도다. 제도는 시대마다 조금씩 달라졌고, 정권이 바뀔 때마다 새로운 브랜드가 붙었다. 문제는 이름만 복잡한 것이 아니라, 입주 조건과 자격 기준도 서로 달라져 있다는 점이다.

예를 들어 영구임대주택은 기초생활수급자나 차상위계층 같은 저소득층을 대상으로 한다. 국민임대는 소득 1~4분위 이하, 전용면적 85㎡ 이하 무주택 세대에게 공급된다. 행복주택은 청년·신혼부부·고령자 등 특정 계층을 대상으로 하며, 입주 자격은 나이, 소득, 자산 기준을 동시에 충족해야 한다. 최근 도입된 통합공공임대는 이러한 제도를 하나로 묶으려는 시도지만, 여전히 "누가 어디에 들어갈 수 있는지"를 명쾌하게 설명하기는 어렵다.

이처럼 세분화된 제도는 정부의 정책 목적을 반영한 결과이기도 하다. 어느 정부에서는 국민의 보편적 주거안정을, 어느 정부에서는 집값 상승에 분노하는 청년층을 위해 새로운 임대주택 제도가 설계됐다. 그러나 일반 시민의 입장에서는 임대주택은 임대주택이지 그 세부적 차이를 이해하기 어렵다. 실제로 임대주택을 찾는 많은 사람들이 "내가 어떤 제도에 해당되는지 몰라서 아예 신청을 포기했다"는 이야기를 한다. 제도가 늘어날수록 복잡성이 커지고, 그로 인해 실질적인 접근성이 떨어지는 역설이 발생한다. 시대가 요구하는 제도를 만드는 것은 필요한 일이나, 기존 제도를 개선해도 될 일을 굳이 새로운 정책과 제도로 만들어 홍보하는 것은 어떤 관료에겐 승진의 기회가 되었을 것이다. 임대주택 제도 전체를 보지 못하고 내 앞에 일만을 수행하기만 하는 수동적 관료주의가 복잡한 임대주택제도를 만든 원인 중 하나이다.

더 큰 문제는 이런 임대주택제도의 복잡성이 지역마다 정보의 격차에 따라 다르게 작동한다는 점이다. 같은 국민임대라도 지역별 소득 기준이나 자산 기준이 다르게 적용되는 경우가 있고, 모집 시기와 우선순위도 제각각이다. 예를 들어 수도권에서는 경쟁률이 수십 대 일에 달하는 반면, 일부 지방에서는 같은 유형의 주택이 공실로 방치된다. 제도는 같지만 현실은 정반대인 셈이다. 제도를 잘 아는 사람은 다양한 유형의 임대주택을 찾아 신청하고, 결국 당첨 기회를 얻는다. 반대로 사회적으로 더 취약한 집단일수록 정보를 얻기 힘들고, 결과적으로 제도의 혜택에서 소외된다. 정부가 '취약계층 지원'을 내세워 만든 제도가 오히려 취약계층에게는 닿지 않는 상황이 벌어지고 있는 것이다.

해외 사례와 비교하면 우리 제도의 복잡성이 더욱 두드러진다. 예컨대 싱가포르의 공공주택(HDB)은 단일 시스템 안에서 공급된다. 입주 자격과 우선순위는 간단하면서도 명확하다. 독일의 사회주택(Social Housing) 역시 연방정부 기준에 따라 운영되며, 신청 과정이 비교적 단순하다. 반면 한국은 "누구에게, 어떤 주택을, 어떤 조건으로 공급할지"가 너무 잘게 쪼개져 있어, 제도의 취지를 살리기보다 행정적 장벽을 만드는 쪽으로 작동한다.

이제는 공공임대주택에 '통합시스템'과 '협력적 분권'이 필요하다.

정권마다 새로운 임대주택 브랜드를 만들지 말고, 임대주택의 단순화가 필요하다. 임대주택은 지어지기도 전에 국민임대, 행복주택, 통합공공임대 등 다양한 이름이 붙여진다. 사실 임대주택은 건축물로서 하드웨어이고, 우리가 부르는 명칭은 정책에 따라 어떤 입주자에게 입주 우선권을 부여하는 소프트웨어이다. 임대주택이라는 하드웨어는 어떤 입주자도 받아들일 준비가 되어 있으나, 처음 붙여진 이름에 발이 묶이는 상황이 되었다.

이제는 특정 계층을 위한 임대주택 보다는 '하나의 공공임대 시스템' 안에서 시대와 상황에 맞는 입주자를 그때그때 조정하는 방식이 바람직하다. 최근 통합공공임대 제도가 그런 취지로 도입되었지만, 아직은 미완성이다. 물론 계획하는 입장에서는 늘 특별함을 만들고자 한다. 하지만 임대주택은 국민의 세금이 들어간 공공재임에 따라 과도한 부대시설 등을 통하여 추구하는 특별함은 누군가의 눈에는 낭비로 보일 것이고 실재 임대주택 사용 현황에서도 이용 빈도가 낮음을 다시 한번 생각해야 할 것이다.

국토부는 자금조달, LH는 건설, 지자체는 수요조사 및 확정 운영의 협력적 분권 모델로 전환이 필요하다.

공공임대주택은 국민의 기본적 주거권의 최후의 보루로 주거복지의 영역에 해당된다. 공공임대주택에 대한 정책 수립은 국토부가 하고, 건설과 운영 관리는 주로 LH가 대부분 맡아서 하고 있다. 하지만, '왜 다양한 복지사업 중 임대주택만 국가 주도의 사업이어야 하는가?'에 대한 질문에 대한 답은 '대규모 건설자금 조달이 필요하기 때문'이라고 한다. 이제는 임대주택에 대한 지역간 실제 수요, 생활패턴, 주거 선호도 등의 편차가 큼에 따라 임대주택 건설·운영 프로세스가 바뀌어야 할 것이다.

우리 일상에서 만나는 국가의 복지서비스는 대부분 지자체가 담당해서 운영하고 있다. 물론 지자체가 집행하는 예산은 보건복지부, 여성가족부, 행정안전부 등 다양한 국비를 포함하고 있지만 주민을 만나는 통합창구로써 지자체는 국가복지서비스의 최전방임에는 모두 동의할 것이다. 지자체가 지역에 필요한 임대주택에 대한 수요조사를 하고, 이를 국토부의 재정지원 아래 LH 등 공기업이 건설하고, 지자체가 입주자 모집 및 유지 관리를 전담하는 구조를 제안한다. 지자체가 직접 관리하면 누가 임대주택이 가장 필요한지를 알기에 임대주택 본연의 목적인 주거안정망 기능을 가장 잘 실현시킬 수 있을 것이다. 또한, 지역 복지 예산과 인력을 활용하여 임대주택을 통합 복지 서비스의 플랫폼으로 활용할 수 있을 것이다.

공공임대주택의 빈자리를 외국인 근로자에게

한국의 공공임대주택 제도에는 중요한 '빈자리'가 있다. 바로 외국인 근로자다. 이들은 내국인과 동일하게 노동하고 세금을 납부하며 4대 보험에 가입하지만, 공공임대주택의 입주 자격 앞에서는 철저히 '외부인'으로 배제된다. 근로 현장에서는 '같은 노동자'이지만, 주거 복지의 영역에서는 '국적'이라는 이유로 차별적 대우를 받는 이 모순은 한국 사회가 직면한 이주민 포용의 가장 큰 장벽이다.

이 모순은 곳곳에서 드러난다. 산업단지에 위치한 행복주택은 원래 산단 내 근로자를 위해 지어졌지만, 정작 내국인들은 불편한 교통과 생활 인프라 부족으로 산단 내 거주를 기피한다. 빈집이 쌓여가는 동안, 외국인 근로자들은 공장 기숙사나 원룸에서 좁고 열악한 생활을 이어 간다. 집은 있는데, 들어가려는 사람은 막혀 있는 구조다.

외국인 근로자가 겪는 주거 환경은 대체로 열악하다. 고용주가 제공하는 기숙사는 다인실이 많고, 위생·안전 기준이 낮은 경우도 흔하다. 일부 사업주는 주거비를 아끼기 위해 컨테이너 박스를 임시 숙소로 쓰기도 한다. 법적으로는 문제가 될 수 있지만, 당장 머물 곳이 없는 근로자들은 울며 겨자 먹기로 생활한다. 이들의 거주지는 직장과 분리된 사회가 아니라, 직장의 '부속 공간'에 불과하다. 그만큼 지역사회와의 접점도 차단된다.

문제는 단지 '인권' 차원에 그치지 않는다. 지역 산업에도 직접적 영향을 미친다. 중소기업의 경우 숙소를 마련해 주느라 인건비 외 추가 비용을 부담하고 있다. 이는 기업의 경쟁력을 떨어뜨리고, 인력 유치에도 악영향을 준다. 임대주택을 활용할 수 있었다면 기업과 근로자 모두 부담을 줄일 수 있는데, 현행 제도는 그 기회를 가로막고 있다.

이 같은 배제의 배경에는 여전히 강한 '내국인 우선' 논리가 깔려 있다. 정부와 일부 국민은 "외국인에게까지 임대주택을 내주면 내국인 서민이 피해를 본다"는 우려를 제기한다. 하지만 실제 현장은 정반대다. 내국인들이 외면한 공실을 채울 수 있는 건 외국인 근로자들이다. 공실로 세금을 낭비하느니, 필요로 하는 사람들이 들어와 살게 하는 것이 훨씬 합리적이다.

또한, 외국인 근로자는 단순히 '손님 노동자'가 아니다. 이들은 2025년 취업자 기준으로 100만 명이 농촌의 수확, 공장의 생산 라인, 돌봄 현장까지 우리 사회 곳곳에서 우리와 함께 일을 하고 있다. 외국인고용법에서는 '외국인근로자라는 이유로 부당하게 차별하여 처우하여서는 아니 된다.'라고 되어 있고 근로기준법에서는 '근로자에 대하여 남녀의 성(性)을 이유로 차별적 대우를 하지 못하며, 국적, 신앙 또는 사회적 신분을 이유로 근로조건에 대한 차별적 처우를 하지 못한다.'로 규정되어 있다. 하지만, 집 문제에서는 여전히 외국인 근로자는 예외적 존재이다.

더 큰 문제는 사회적 인식이다. 영화나 뉴스에서 대림동, 원곡동 같은 이주민 밀집 지역이 범죄와 혼란의 공간으로 그려지면서, "외국인 = 위험하다"는 낙인이 강하게 자리 잡았다. 이런 편견은 외국인 근로자들의 주거권을 제도적으로 막는 근거로 활용되기도 한다. 하지만 실제로는 이주민 거주 지역이 도시의 상권을 살리고, 지역 노동을 유지하는 경우가 많다. 편견이 정책을 지배하는 셈이다.

이미 이주민 거주 비율이 높고, 상대적으로 사회적 편견이 덜한 농촌에서는 외국인 근로자는 없어서는 안 될 중요한 노동력이다. 하지만, 임대주택 정책을 설계하는 국토부가 장기 거주 외국인 근로자에게도 개방하지 않는 임대주택의 문을 잠시 일하러 왔다 가는 단기 근로자에게 열어 줄 것을 기대하기는 어렵다. 2017년 도입된 '외국인 계절 근로자'는 2024년 기준 5만 명에 육박한다. 이들의 주거환경은 농가에서 제공하는 빈방 또는 비닐하우스 등 우리가 상상할 수 없는 수준이다. 선진국에 진입했고, 일본보다 잘 살게 되었다고 들떠 이야기하는 우리지만, 우리 입에 들어가는 농산물이 이렇게 열악한 환경에서 만들어지고 있다는 사실에 우리는 부끄러워해야 한다.

하지만, 일부 지방자치단체에서는 외국인 계절 근로자를 위해 공공기숙사를 건립하여 운영해 왔다. 더불어 2022년부터는 농림부에서도 「농업근로자 기숙사 건립 지원사업」이라는 공모 사업을 통해 외국인 계절 근로자의 주거 문제 개선에 직접 나서고 있다. 주거 문제를 내국인과 외국인으로 나누고, 임대주택을 '이 부처의 일', '저 부처의 일'로 구분하는 것 자체가 모순이다. 이러한 모순은 공공임대주택이라는 국가 차원의 공공재를 일부 부처가 독점적으로 운영해 온 결과이며, 부처 간 칸막이가 만들어 낸 관료사회의 폐해라 할 수 있다.

공공임대주택의 시급한 제도적 변화는 크게 3가지로 압축된다.

첫째, 전면 개방에 대한 사회적 합의가 부족하다면, '공실 우선 개방'원칙을 도입해야 한다. 내국인이 신청하지 않아 빈집으로 남은 임대주택부터 외국인 근로자에게 기회를 줌으로써, 내국인 서민의 기회 손실 우려를 최소화하고 공실 문제를 해소할 수 있다.

둘째, 단기 체류 노동자는 제한하되, 장기 체류 노동자 및 가족 동반자에게는 일정 조건을 충족하면 입주를 허용하는 방안이 필요하다. 이는 주거 안정과 더불어 지역 사회 정주를 유도하여 이들을 단순히 '노동력'이 아닌 '미래의 대한민국 국민'으로 받아들일 수 있는 기틀을 마련한다.

셋째, 정부는 저출산·인구 위기에 대응하는 이민 정책을 논의하는 과정에서부터 주거 문제를 핵심 의제로 포함해야 한다. 국토부의 임대주택 공급과 노동부-법무부의 인력 도입 계획을 연계하여 외국인 근로자 주거권에 대한 공동 책임 시스템을 구축해야 한다. 이를 통해 공공임대주택이 더 이상 부처의 독점물이 아닌, 국가 주거 복지의 통합 플랫폼으로 기능하게 해야 한다.

결국 외국인 근로자를 배제하는 현행 제도는 누구에게도 이득이 되지 않는다. 내국인은 여전히 집이 부족하고, 외국인은 열악한 주거에서 고립된다. 정부는 공실 관리에 세금을 낭비하고, 기업은 기숙사 비용에 허덕인다. 이 악순환의 고리를 끊으려면, 공공임대주택의 문턱을 낮추는 일은 '내국인 vs 외국인'의 제로섬 게임이 아니라, 모두가 함께 이익을 얻는 '윈-윈 전략'의 출발점이 될 것이다.

기업과 노동자가 모두 이익을 얻는 길

외국인 근로자에게 공공임대주택을 개방해야 한다는 논의는 흔히 "내국인과의 경쟁"이라는 민감한 주제로 이어진다. 그러나 시선을 바꾸어 보면, 이는 경쟁이 아니라 '상호 이익'의 문제임을 알 수 있다. 집을 필요로 하는 외국인 근로자와, 인력난에 시달리는 기업, 그리고 공실을 떠안고 있는 정부. 이 셋은 서로 이해관계가 다르지만, 공공임대주택을 매개로 묶이면 모두가 이득을 얻는다.

무엇보다 주거 안정은 근로자의 생활 전반에 직결된다. 지금까지 많은 외국인 근로자들은 고용주가 제공하는 숙소에 의존했다. 그러나 그 현실은 열악하다. 컨테이너 박스 숙소, 곰팡이 슨 지하방, 다인실 원룸…. 이런 환경은 단순한 불편을 넘어 안전과 건강 문제로 이어진다. 주거가 불안정하면 이직률도 높아지고, 가족을 초청하거나 장기적으로 정착할 의지도 줄어든다.

공공임대주택 입주 기회가 열린다면 상황은 달라진다. 외국인 근로자들은 최소한의 주거 품질이 보장된 공간에서 생활할 수 있다. 안정된 집이 있으면 생활 만족도가 높아지고, 체류 기간 동안 한국 사회에 대한 애착도 커진다. 단순히 '일하러 온 사람'에서 '살아가는 이웃'으로 바뀌는 출발점이 될 수 있다.

기업 역시 이 과정에서 큰 혜택을 얻는다. 현재 중소기업은 외국인 근로자에게 숙소를 제공하기 위해 추가 비용을 부담한다. 원룸을 임대하거나, 기숙사를 신축하거나, 때로는 불법적으로 임시 숙소를 설치하는 경우도 있다. 이 비용은 결국 기업의 경영 부담으로 이어진다. 숙소 관리 문제로 인한 민원과 행정 제재 위험도 늘 곁에 따라붙는다.

만약 공공임대주택이 외국인 근로자에게 열리면 기업은 별도의 숙소를 마련하지 않아도 된다. 주거비 지원 부담이 줄어들고, 근로자는 안정적으로 생활할 수 있으니 장기 근속 가능성도 높아진다. 기업 입장에서 숙련된 근로자를 유지하는 것은 단순한 인건비 절감 이상의 가치를 갖는다. 새로운 인력을 채용하고 교육하는 데 드는 비용과 시간을 절약할 수 있기 때문이다. 실제로 일부 지역에서는 공공임대주택을 활용한 외국인 근로자 정착 프로그램이 시범적으로 운영된 바 있다. 이 경우 기업의 숙소 비용이 줄고, 외국인 근로자들의 생활 만족도가 높아져 이직률이 감소했다는 보고가 있다. 이는 곧 기업 경쟁력 강화로 연결된다.

외국인 근로자 주거 안정이 주는 이익은 개인과 기업을 넘어 사회 전체로 확장된다. 안정된 주거가 보장되면 외국인 근로자들은 지역 상권을 더 적극적으로 이용한다. 소비가 늘고, 지역 경제는 활력을 얻는다. 또 가족이 함께 정착할 경우 학교, 돌봄, 의료 등 공공 서비스 이용이 확대되어 지역 사회가 단순히 '일자리의 공간'에서 '생활의 공간'으로 발전한다. 이러한 외국인 근로자의 주거안정을 위해 기업과 지자체가 함께 비용을 분담하는 구조도 고려할 수 있다. 기업이 일정 부분 임대료를 지원하면 근로자는 더 안정적으로 생활하고, 지자체는 지역 경제 활성화 효과를 얻는다.

외국인 근로자 주거 안정은 단순한 시혜가 아니라, 인구 위기와 지방 소멸이라는 시대적 난제를 해결하고 기업 경쟁력을 높이는 '필수 투자'이다. 한국 사회가 진정한 글로벌 국가로 나아가려면, 이러한 상호 이익의 구조를 적극적으로 설계해야 한다.

외국인 근로자, 지방소멸 시대의 대안

한국의 인구 지도를 들여다보면 뚜렷한 흐름이 보인다. 서울과 수도권에는 여전히 인구가 몰리고, 지방 중소도시는 빠른 속도로 사람이 줄어든다. 통계청 자료에 따르면 2025년 상반기 기준 전국 시·군·구의 59%가 '소멸 위험 지역'으로 분류됐다. 출산율은 세계 최저 수준이고, 젊은 층은 교육과 일자리를 찾아 수도권으로 떠난다. 남은 지방은 고령자와 빈집이 늘어 가는 곳으로 변해 간다.

이러한 흐름은 산업 현장에 직접적인 충격을 준다. 지방 산업단지에는 여전히 일거리가 많지만, 일할 사람이 부족하다. 특히 제조업과 농축산업은 "힘들고, 위험하고, 더럽다"는 인식이 강해 내국인 청년의 기피 업종이 된 지 오래다. 대신 그 자리를 메운 것은 외국인 근로자들이다. 지금 농촌의 비닐하우스와 축사, 지방 공장의 생산 라인은 상당 부분 외국인 노동력에 의존하고 있다.

지방소멸은 단순히 인구가 줄어드는 문제가 아니다. 사람이 줄면 기업이 문을 닫고, 기업이 사라지면 학교와 상점, 병원 같은 생활 인프라도 무너진다. 악순환은 빠르게 진행된다. 결국 지역 공동체가 유지되려면, 일자리를 지탱할 "사람"이 필요하다. 지금 그 역할을 할 수 있는 이들은 바로 외국인 근로자들이다. 여기서 중요한 점은 외국인 근로자가 더 이상 '대안적 노동력'이 아니라는 사실이다. 이미 일부 지방도시는 인구의 10%가 외국인 주민으로 우리 사회의 일부분이 된 지 오래이다.

그러나 현실의 정책은 이 변화를 따라가지 못하고 있다. 한국에 들어와 일하고 있는 사람이 한국에 정착하기 쉬울까? 외국 현지에서 "한국으로 이민 오세요." 홍보하여 이민을 촉진하는 게 쉬울까? 정부는 지방소멸 대안으로 "이민 확대"를 이야기하지만, 정작 이미 한국에 들어와 우리 사회의 일원인 외국인 근로자를 우리 국민으로 흡수하기 위한 노력은 보이지 않는다.

한국에 온 외국인 근로자는 외국에 일하러 온 단순한 노동자가 아니라 가족의 생계를 책임지는 부모이자, 장래를 준비하는 생활인이다. 실제로 많은 외국인 근로자는 가족을 본국에 두고 홀로 한국에 와 있다. 이들은 가족에게 송금을 보내며, 언젠가 다시 만날 날을 기다린다. 가족을 동반하지 못하는 근로자의 삶은 늘 불안정하다. 홀로 생활하는 동안 언어와 문화의 벽을 온전히 혼자 감당해야 하고, 외로움과 고립감은 심리적 부담으로 이어진다. 또한 본국에 있는 가족의 생계를 책임져야 한다는 압박은 삶의 질을 더욱 떨어뜨린다. 이런 불안정한 생활은 근로자의 건강과 생산성에도 영향을 준다. 실제로 지방 중소기업에서는 외국인 근로자가 몇 년 일하다가 본국으로 돌아가는 일이 잦다. 가족과 떨어져 살아야 하는 삶이 장기 체류를 어렵게 만드는 것이다.

그러나 가족이 함께 거주할 수 있는 기반이 마련된다면 이야기는 달라진다. 단순한 단기 체류 노동자가 아니라, 지역 사회에 뿌리내리는 정주민으로 바뀔 수 있기 때문이다. 외국인 근로자의 아이들이 학교에 다니고, 배우자가 지역 사회에 참여하면, 근로자는 단순히 '임시 노동자'가 아니라 지역 공동체의 구성원이 된다. 이는 근로자 개인의 정착뿐 아니라 지역의 지속 가능성에도 큰 도움이 된다. 실제로 독일과 캐나다는 가족 동반 이주를 장려하여 노동자들의 장기 체류율을 높이고, 지역 인구 구조를 안정시키는 데 성공했다.

지방소멸 위기에 처한 한국의 현실에서도 이 원리는 그대로 적용된다. 외국인 근로자가 가족과 함께 정착하면 지역 학교가 유지되고, 지역 상권이 살아나며, 인구 감소 속도도 완화된다. 단순히 일자리만 메우는 것이 아니라, 지역 사회의 삶의 순환을 지켜내는 효과가 있는 것이다.

그러나 가족 동반 정착이 가능하려면 가장 중요한 것은 안락한 주거공간의 확보이다. 지방의 공실 문제와 외국인 근로자의 주거 문제를 연결하는 것이다. 이미 비어 있는 공공임대주택을 외국인 근로자에게 개방한다면, 두 문제를 동시에 해결할 수 있다. 내국인이 외면하는 집을 외국인이 채우면 공실은 줄고, 근로자는 안정적으로 머물 수 있다. 이는 지방 기업에도 도움이 되고, 장기적으로 지역 공동체를 유지하는 데도 기여한다. 외국인 근로자가 가족을 부양하려면 생활비 부담이 크다. 일정 기간 동안 임대료를 할인하거나, 자녀가 있는 가정에 인센티브를 주는 방식이 필요하다. 이는 단순한 혜택이 아니라, 장기적인 정착을 유도하는 투자로 볼 수 있다. 내국인 유치를 위한 지원금 또는 아이의 출산 시 지급하는 출산지원금과 유사하다고 보면 지방소멸을 막을 수 있는 인구부양정책에 더 큰 비용도 지불해야 할 것이다.

결국 외국인 근로자 가족의 정착은 그들 개인의 안정을 넘어,

지방 소멸을 막고 한국 사회의 지속 가능성을 담보하는 핵심 전략이다. 한국 사회가 진정한 글로벌 국가로 나아가려면, 이들을 가족을 이루고 살아가는 생활인으로 인정하고 뿌리내릴 수 있는 조건을 마련해야 한다.

2. 함께 살기 위한 변화:
단일민족 신화를 넘어 공존으로

단일민족 신화에서 다문화 현실로

한국 사회를 설명하는 가장 익숙한 말 중 하나였던 "단일민족" 신화는 이제 더 이상 현실을 반영하지 못한다. 오랫동안 국가 결속의 상징으로 여겨졌던 이 개념은, 일제강점기와 전쟁을 거치며 민족적 위협에 맞서 내적 동질성을 강조하던 생존 전략이기도 했다. 그러나 이 담론은 다름을 인정하기보다 배제하는 방식으로 작동했다는 역사적 한계를 안고 있다.

현실은 이미 급변했다. 2024년말 기준 한국에 체류하는 외국인은 약 265만 명을 넘어섰다. 이는 전체 인구의 5% 이상에 해당한다. 다문화 가정에서 태어나는 아이들도 꾸준히 늘어나고 있다. 특히 농어촌 지역에서는 초등학생의 10% 이상이 다문화 가정 출신인 곳도 있다. 단일민족 신화가 지탱해 온 균질성은 이미 깨지고 있다.

도시의 특정 지역은 이제 다문화의 현장이 되었다. 서울 대림동, 안산 원곡동 같은 곳에서는 중국, 베트남, 우즈베키스탄, 네팔 등 다양한 국적의 사람들이 모여 산다. 이곳에서는 한국어와 외국어가 뒤섞여 들리고, 외국 식재료와 문화가 자연스럽게 소비된다. 지방 중소도시의 공장과 농촌 마을에서도 외국인 근로자들이 일상 속 이웃이 되었다.

학교 현장도 마찬가지다. 다문화 가정 학생이 많은 학교에서는 다문화 언어 강사와 통역사가 상주하고, 교사들은 문화적 다양성을 이해하기 위한 교육을 따로 받는다. 한 교사는 "아이들 사이에는 국적의 구분이 별 의미가 없다. 축구할 때, 급식 줄 설 때 똑같은 친구다"라고 말한다. 이는 한국 사회의 미래 세대가 이미 다문화적 경험을 자연스럽게 내재화하고 있다는 증거다.

그러나 여전히 제도와 사회 인식은 단일민족 신화에 기대고 있다. 외국인 근로자는 노동 현장에서는 필수 인력이지만, 공공임대주택 입주 자격에서는 배제되는 등 정책과 제도의 무의식적 바탕에 '동질성 우선' 논리가 깔려 있다. 이 충돌은 외국인 밀집 지역에 대한 불필요한 불안감과 갈등으로 표출되기도 하지만, 이는 현실과 인식의 간극이 증폭시킨 결과인 경우가 많다.

단일민족 신화에 머무르는 한, 한국 사회는 인구 감소와 지방 소멸 위기라는 현실을 외면하게 된다. 이제 필요한 것은 '단일성'이 아니라 '공존성'이다. 다문화는 위기가 아닌 새로운 문화적·경제적 활력을 만들어 내는 기회이며, 이주민을 함께 살아가는 이웃으로 인정하는 태도가 한국 사회를 진정으로 글로벌 국가로 나아가게 할 것이다.

이주민 집단화에 대한 경계를 넘어야 할 때

이주민의 증가는 특정 지역에 거주가 집중되는 '집단화(Clustering)' 현상을 낳는다. 이는 낯선 땅에 온 이주민에게 심리적 안전망이자 생존과 적응을 돕는 긍정적 기능을 하지만, 동시에 사회적 격리와 갈등의 위험을 내포한다. 문제는 한국 사회가 이 양면성을 어떻게 관리하고, 어떤 선택을 하느냐에 달려 있다.

서울 대림동, 안산 원곡동 같은 지역은 언론과 영화에서 자주 배경으로 등장한다. 화면 속 이곳은 종종 범죄와 혼란의 공간으로 묘사된다. 영화는 극적인 긴장을 위해 특정 이미지를 강조하지만, 그 과정에서 지역 주민은 "위험한 외국인 동네에 산다"는 낙인에 시달린다. 실제로 그곳에서 살아가는 다수의 주민들은 성실하게 일하고 가정을 꾸리고 있지만, 대중에게 각인되는 이미지는 왜곡된 경우가 많다. 이처럼 집단화된 이주민 거주지는 때때로 사회적 '빌런의 공간'으로 상징화되기도 한다.

실제 현장에서도 집단화는 갈등을 유발한다. 특정 국적이나 종교 집단이 한 지역에 모여 살면 언어, 문화, 생활 습관의 차이가 뚜렷하게 드러난다. 상점의 간판이 외국어로 바뀌고, 거리의 음식 냄새와 생활 방식이 달라지면, 일부 내국인 주민은 이질감을 느낀다. 그 이질감이 불만과 불안으로 이어지면 갈등은 쉽게 증폭된다.

해외에서도 유사한 사례가 있다. 스웨덴의 말뫼 지역은 이주민 주거 단지가 밀집되면서 실업과 빈곤, 청년 범죄 문제가 동시에 증가했다. 사회적 배제와 차별이 쌓이면서 결국 폭동으로 이어지기도 했다(유럽이주정책연구소, 2019). 이는 집단화가 단순한 주거 문제가 아니라, 사회적 안정과 직결된다는 사실을 보여 준다. 한국도 결코 예외일 수 없다.

그렇다고 집단화를 무조건 부정적으로만 볼 수는 없다. 낯선 땅에 온 이주민에게 같은 국적, 같은 언어를 쓰는 이웃은 큰 힘이 된다. 생존과 적응을 돕는 안전망이 되어 주기도 한다. 실제로 많은 이주민이 처음에는 집단화된 지역에서 거주하다가, 점차 사회에 적응하면서 다른 지역으로 이동한다. 이는 이주 과정에서 나타나는 자연스러운 현상이다. 문제는 집단화가 '이행 단계'에서 '고착화된 격리'로 변질될 때 생긴다. 사회와의 연결이 끊기면 고립된 공동체가 되고, 갈등은 심화된다.

한국의 현실을 보면, 집단화는 이미 진행 중이다. 산업단지

주변 기숙사 단지, 대도시 외곽의 다문화 마을이 대표적이다. 특히 지방에서는 외국인 근로자가 인구의 절반 이상을 차지하는 마을도 있다. 이런 곳에서 내국인 주민은 소수자가 되고, 생활문화의 균형이 무너질 때 긴장이 발생한다. 이 문제를 단순히 '외국인 수를 줄이자'로 접근하는 것은 현실적이지 않다. 이미 한국의 산업과 지역사회는 외국인 노동 없이는 유지되지 않는다. 따라서 과제는 이주민의 집단화에 대한 근본적인 시스템의 변화가 필요하다.

외국인들이 집단화 되는 근본 원인은 내국인들과의 삶이 불편한 것에 기인한다. 이는 우리가 가진 편견의 눈초리가 그들을 더욱 뭉치게 한 결과이다. 체류 외국인 265만 명이 명이 얼마나 큰 숫자냐 하면, 강원도(150만 명)와 제주도(66만 명)를 합친 것보다도 50만 명이 많은 수이다. 이제는 외국인들이 대한민국 어디에 있더라도 불편함이 없는 곳으로 만들기 위한 우리의 노력이 필요하다.

그 시작은 주거지의 다변화에 대한 지원일 것이다. 집단화의 편리함을 어디서나 누릴 수 있다면 많은 외국인 근로자와 이주민들은 다른 선택을 할 기회를 가질 것이다. 이를 위해 대림동,

원곡동 등 일부지역에서 실하시고 있는 외국인을 위한 행정서비스가 보편적으로 제공되어야 한다. 또한, 공공이 제공하는 집을 다양한 지역에 걸쳐 분산 배치로 집단화를 완화하는 방법도 시도될 만하다. 이와 더불어, 외국인을 함께 살아가는 이웃으로 인정하는 사회적 인식의 변화가 가장 중요하다.

다문화 사회에 대한 대한민국의 책임

한국은 오랫동안 이주민을 "남의 이야기"로만 여겨 왔다. 해외로 나갔던 우리의 노동자들—1960년대 독일로 파견된 광부와 간호사, 1970년대 중동 건설 현장의 근로자들—은 한국 경제를 떠받치는 숨은 주역이었지만, 정작 한국은 이주노동자를 맞이할 준비를 늦게 시작했다. 이제는 상황이 바뀌었다. 한국은 더 이상 이주를 보내는 나라가 아니라, 이주민을 맞이하는 나라가 되었다. 그렇다면 이미 앞서 다문화 사회를 경험한 해외 국가들의 사례에서 어떤 교훈을 얻을 수 있을까?

1950년대 중반부터 1973년까지 서독에서는 노동력 부족을 매우기 위해 "손님노동자 = 게스트아르바이터(Guestarbeiter)"라는 이름으로 터키와 남유럽 출신 노동자들을 대거 받아들였다. 처음에는 단순히 인력 부족을 매우기 위한 임시 조치였다. 그러나 시간이 지나면서 노동자들은 독일 사회에 정착했고, 자녀 세대는 독일어를 모국어로 쓰며 성장했다. 독일은 뒤늦게야 이들을 "임시 손님"이 아니라 "영구적 시민"으로 인정해야 한다는 사실을 깨달았다. 이 과정에서 통합 교육, 언어 지원, 이중

국적 허용 같은 제도적 전환이 이루어졌다. 독일의 경험은 한국에도 중요한 시사점을 던진다. 외국인 근로자를 단순히 노동력으로만 볼 경우, 사회적 갈등이 커지고 통합의 기회를 놓칠 수 있다는 것이다.

캐나다는 "다문화주의(Multiculturalism)"를 국가 정체성의 핵심으로 삼았다. 인종과 문화의 다양성을 존중하는 것이 오히려 국가 경쟁력을 높인다는 관점이다. 이민자는 일정 기간이 지나면 영주권과 시민권을 얻을 수 있고, 공공서비스 이용에서도 차별을 받지 않는다. 각 지역사회에는 다문화 센터가 설치되어 언어, 직업 훈련, 주거 지원을 제공한다. 캐나다는 단일민족이라는 서사가 없었기에, 오히려 다양성을 제도적으로 수용하는 데 빠르게 적응할 수 있었다. 이 사례는 한국이 여전히 "단일민족 신화"에 머물러 있다는 점을 돌아보게 한다.

스웨덴은 난민과 이주민을 적극적으로 받아들였지만, 결과가 항상 긍정적이지만은 않았다. 수도 스톡홀름과 말뫼 외곽에 조성된 이주민 밀집 주거단지는 시간이 지나면서 사회적 격리와 갈등의 상징이 되었다. 언어와 문화 장벽이 해소되지 못한 채, 경제적 취약 계층이 한곳에 모이다 보니 빈곤과 실업, 청년 범죄가 집중적으로 나타났다. 스웨덴 정부는 뒤늦게 분산 배치와 지역 통합 정책을 강화했지만, 이미 이주민 집단화가 사회 문제로 자리 잡은 뒤였다. 이 사례는 한국에도 경고가 된다. 단순히 집을 제공하는 것만으로는 충분하지 않으며, 지역 사회와의 연결을 설계하지 않으면 집단화와 배제가 심화될 수 있다는 것이다.

이러한 해외 사례들은 공통된 교훈을 준다. "외국인을 노동력으로만 보지 말고, 사회의 일원으로 수용하라." 이 교훈은 한국이 지금 반드시 직면해야 할 과제다. 한국은 세계 최저 출산율과 급격한 인구 감소, 지방 소멸이라는 위기에 놓여 있다. 동시에 K-콘텐츠와 첨단 산업으로 세계적 영향력을 확대하고 있다. 문화적·경제적 강국이 된 만큼, 외국인을 대하는 태도에서도 국제적 기준을 충족해야 한다.

한국은 이미 다문화 사회로 들어섰다. 이제 중요한 것은 "그 사실을 인정하느냐, 외면하느냐"의 선택이다. 독일처럼 늦게 깨닫고 갈등을 겪을 것인지, 캐나다처럼 다양성을 자산으로 활용할 것인지, 스웨덴처럼 집단화의 부작용을 되풀이할 것인지는 한국의 선택에 달려 있다. 글로벌 국가로 자리매김한 지금, 한국은 더 이상 뒤로 미룰 수 없다. 다문화 현실을 제도와 정책으로 수용하는 일, 그것이 바로 한국의 글로벌 책임이다.

지금까지 한국은 노동시장에서는 외국인을 필요로 하지만, 정주권과 주거권에서는 배제하는 모순된 태도를 보여왔다. 그러나 글로벌 국가로서 한국이 져야 할 책임은 분명하다. 단일민족 신화 속에서 외국인을 '손님'으로만 두는 것이 아니라, 동등한 시민적 권리와 의무를 가진 '이웃'으로 인정해야 한다.

3. 공공임대주택을 활용한 변화의 첫걸음

모두에게 열려 있는 새로운 기준

공공임대주택은 단순한 '집'을 넘어 사회 전체를 지탱하는 핵심적인 사회 안전망으로서 중요한 가치를 가진다. 공공임대주택 가장 큰 역할은 생존권 보장과 자립을 위한 최후의 보루이다. 시장 가격보다 저렴한 임대료와 장기 거주 권리를 보장함으로써, 주거 불안정성에서 벗어난 가구는 절감된 주거비를 생산적인 활동(직업 훈련, 자녀 교육 등)에 투자할 수 있게끔 하여, 입주자의 빈곤의 고리를 끊고 건강한 경제 주체로 성장시키는 가장 효과적인 복지 수단이다. 그리고 계층 간 장벽을 허무는 사회 통합의 역할과 도시내 다양한 노동력의 거주를 가능하게 함으로써 도시 전체의 지속 가능성에도 기여하고 있다.

하지만. 우리는 공공임대주택의 미래를 이야기할 때 우리는 늘 숫자와 자격 기준을 먼저 떠올린다. 그러나 이제는 조금 다른 질문을 던져야 한다. "어떻게 하면 임대주택이 단순한 집을 넘어, 도시와 사회를 연결하는 통합적 공간이 될 수 있을까?" 그 답은 다섯 가지 새로운 기준 속에서 찾을 수 있다.

첫 번째는 내·외국인을 구분하지 않는 입주 자격이다. 지금까지 외국인 근로자는 법과 제도 안에서 노동자로 인정받으면서도, 주거권에서는 철저히 배제되어 왔다. 그 결과 이들은 비인가 기숙사나 열악한 원룸으로 밀려났고, 도시는 보이지 않는 이중 구조를 안게 되었다. 주거복지의 원칙은 보편성에 있다. 기여와 권리를 일치시키는 차원에서라도 차별 없는 입주 자격은 더 이상 미룰 수 없는 과제다. 외국인 체류자가 인구의 5%가 넘어선 만큼 총 공공임대주택의 5%는 그들에게 배분하여야 할 것이다.

두 번째는 지방과 산업단지에서 외국인 입주쿼터를 확대하는 일이다. 지방 도시가 텅 비어가는 상황에서 외국인 근로자는 단순한 대체 노동력이 아니라 생존의 동아줄이다. 비어 있는 공공임대주택을 이들에게 개방하는 것은 공간 차원에서 도시를 재

활성화하는 전략이자, 복지 차원에서는 노동자의 정주권을 지키는 일이다. 한 채의 집이 단순한 숙소가 아니라, 지역 산업을 지탱하는 거점이 되는 셈이다.

세 번째는 국적별·기업별로 단일 공공임대주택에 집단화 시키지 않는 것이다. 특정 집단이 한곳에 집중되면 도시는 금세 경계선을 만든다. 집단화된 공간은 사회적 긴장을 불러일으키고, '게토'라는 낙인을 피하기 어렵다. 반대로 다양한 국적과 계층이 섞여 사는 임대주택 단지는 자연스러운 교류의 장이 되고, 이웃 관계 속에서 새로운 복지적 공동체가 형성된다. 도시 공간론적으로도, 복지적으로도 혼합 배치는 장기적 안정을 보장하는 기본 조건이다.

네 번째는 가족과 함께 정착할 수 있는 조건을 마련하는 것이다. 외국인 근로자를 '혼자 와서 일만 하는 사람'으로 한정하는 순간, 그들의 체류는 언제든 불안정해진다. 그러나 가족이 함께 들어와 학교와 병원을 이용하고, 마을의 일원이 된다면 상황은 달라진다. 주거 공간은 단순한 잠자리에서 생활권으로 바뀌고, 복지는 개인이 아니라 세대 간 연속성을 품게 된다. 가족 동반을 지원하는 임대주택 정책은 결국 지역의 인구 구조를 회복시키는 가장 현실적인 방법이다.

다섯 번째는 거주지 중심의 통합 서비스다. 지금까지 많은 지원이 직장이나 산업 현장에 집중되어 있었다. 그러나 사람들의 삶은 결국 집에서 시작된다. 임대단지 안에서 언어교육과 돌봄, 복지 서비스가 함께 제공된다면, 이주민은 훨씬 빠르게 지역 사회와 연결될 수 있다. 공간적으로도 이는 도시를 생활권 단위로 재편하는 효과를 낳고, 복지적으로도 서비스 접근성을 크게 높인다.

이 다섯 가지 기준은 각기 따로 떨어진 제안이 아니다. 도시 공간론적 측면에서는 집단화를 피하고, 생활권을 기반으로 도시를 다시 짜는 전략이며, 주거복지적 측면에서는 보편성과 연속성을 실현하는 장치다. 요컨대 공공임대주택은 더 이상 "빈집 정책의 실패 사례"로 남아서는 안 된다. 그것은 다양한 사람들이 함께 살아가는 도시의 실험실, 그리고 모든 주민에게 안정과 가능성을 제공하는 복지의 플랫폼으로 새롭게 정의되어야 한다.

거주지 중심의 언어, 복지, 돌봄 서비스

외국인 근로자와 이주민이 한국 사회에서 안정적으로 살아가기 위해서는 단순히 집을 제공하는 것만으로는 부족하다. 집은 생활의 출발점이지만, 그 안에서 이루어지는 일상은 언어, 교육, 돌봄, 복지와 깊게 연결되어 있다. 특히 낯선 나리에서 살아가는 이들에게는 거주지 가까이에서 필요한 서비스를 얻을 수 있는지가 정착의 성패를 좌우한다.

언어는 가장 기본적이면서도 가장 중요한 요소다. 많은 외국인 근로자와 가족들이 한국에서 겪는 첫 번째 어려움은 의사소통이다. 직장에서 안전 수칙을 이해하지 못해 사고 위험이 커지고, 병원에서 증상을 제대로 설명하지 못해 적절한 치료를 받지 못하는 일도 벌어진다. 아이들은 학교에서 한국어가 서툴러 수업을 따라가기 어렵고, 부모는 학부모 모임에 참석하지 못한다. 언어 장벽은 단순한 불편이 아니라 사회적 고립을 초래한다.

따라서 거주지 중심의 언어교육이 필요하다. 지금은 대부분 지자체나 다문화센터에서 언어 프로그램을 운영하지만, 접근성이 떨어지는 경우가 많다. 근로자는 긴 근무시간 때문에 멀리 있는 센터를 찾기 어렵다. 반면, 공공임대주택 단지 내에 소규모 언어교실이 있다면 퇴근 후나 주말에도 쉽게 참여할 수 있다. 이런 생활권 기반의 언어 지원은 단순히 말하기 기술을 넘어서, 지역 사회에 참여할 수 있는 기본 토대를 제공한다.

 복지 영역에서도 거주지 중심 접근이 중요하다. 외국인 근로자들은 세금을 내고 있지만, 복지 혜택은 제한적으로 받는다. 특히 실직, 산재, 임신·출산 같은 상황에서는 제도적 지원의 빈틈이 드러난다. 복잡한 신청 절차와 언어 장벽 때문에 받을 수 있는 지원조차 놓치는 경우가 많다. 이 문제는 '어디서 도움을 받을 수 있는가'와 직결된다. 만약 임대주택 단지 내에 상담 창구나 사회복지사가 상주한다면, 접근 장벽은 크게 낮아질 것이다. 실제로 일부 지자체에서는 다문화가정 밀집 지역에 복지관을 설치하고, 이주민 전담 사회복지사를 배치하여 성과를 내고 있다. 복지 서비스가 생활권 가까이에 있어야 한다는 점은 한국인에게도 마찬가지지만, 언어와 제도의 이중 장벽에 놓인 이주민에게는 더욱 절실하다.

이주민 가족에게 돌봄 문제는 가장 큰 부담 중 하나다. 맞벌이 가정이 많고, 친척이나 가족 네트워크가 한국에 없는 경우가 대부분이다. 아이를 맡길 곳이 없어 부모가 일자리를 포기하거나, 아동이 방치되는 경우도 생긴다. 이는 곧 지역 사회의 문제로 이어진다.

거주지 중심의 돌봄 서비스는 이런 문제를 완화할 수 있다. 임대주택 단지 내 공동 돌봄 센터, 다문화 아동을 위한 방과후 프로그램, 언어 지원이 병행되는 놀이방 등이 마련된다면 부모는 안심하고 일할 수 있고, 아이들은 또래와 어울리며 사회성을 키울 수 있다. 일본과 독일은 이미 이주민 밀집 지역의 주거 단지를 거점으로 아동 돌봄 프로그램을 운영해 긍정적인 성과를 내고 있다. 한국도 주거와 돌봄을 결합한 모델을 적극 도입할 필요가 있다.

거주지 중심 서비스는 단순히 이주민만을 위한 것이 아니다. 내국인과 외국인이 함께 참여할 수 있는 프로그램일 때 효과가 크다. 예를 들어 임대주택 단지 내에서 다문화 가족과 한국 가족이 함께 요리 교실이나 운동 동호회에 참여한다면, 자연스럽게 교류가 이루어진다. 언어와 문화 차이가 오히려 새로운 경험이 되고, 갈등보다는 이해가 자라난다.

거주지 중심의 언어·복지·돌봄 서비스는 결국 이주민과 내국인이 함께 살아가는 기반을 마련하는 일이다. 단순히 집을 제공하는 것을 넘어, 그 안에서 살아가는 일상을 지원할 때 비로소 진정한 사회 통합이 가능하다. 이는 이주민에게도, 내국인에게도, 그리고 지역 사회 전체에도 이익이 되는 길이다.

임대주택이란 물리적 환경이 사회통합의 장이 되기 위해선 건설 중심의 국토부와 LH의 역할을 줄이고, 일선에서 복지서비스를 담당하고 있는 지자체의 역할이 증대되어야 한다. 이와 더불어 외국인 및 이주민을 지원하는 주요 부처인 고용노동부, 여성가족부, 보건복지부, 법무부 등의 참여를 통해 사회통합의 장으로 만들 수 있다.

임대주택을 통한 K-워킹홀리데이 활성화

한국의 젊은이들에게 '워킹홀리데이'라는 단어는 낯설지 않다. 호주, 캐나다, 뉴질랜드 등지에서 일하며 여행할 수 있는 제도는 지난 20년간 수많은 청년들에게 '탈출구'이자 '도전의 기회'였다. 한동안 호주 브리즈번, 시드니, 멜버른 거리에는 한국인 청년들이 몰려들었고, 그들 중 일부는 유학과 취업으로 이어져 정착하기도 했다. 한국 사회에서 청년 워킹홀리데이는 더 넓은 세상을 경험하고, 새로운 기회를 찾는 대표적인 통로였다.

워킹홀리데이로 해외에 나갔던 한국 청년들의 이야기는 중요한 교훈을 준다. 처음에는 단순히 돈을 벌거나 여행을 하기 위해 떠났지만, 안정된 주거와 일자리를 제공받으면서 현지 사회에 점차 스며들었다. 단기 체류자가 아니라, 장기적으로 머물며 정착하는 경우가 많아진 것이다. 실제로 호주와 캐나다에서 워킹홀리데이로 출발해 영주권을 획득한 한국 청년은 적지 않다. 이 경험은 한국이 외국 청년들을 맞이할 때 어떤 제도를 설계해야 하는지 힌트를 준다.

한국 역시 워킹홀리데이 협정을 맺은 국가가 20개국이 넘는다. 이미 매년 수천 명의 외국 청년들이 이 제도를 통해 한국에 들어오고 있다. 그들은 한국어를 배우고, 한국 문화를 경험하며, 동시에 아르바이트나 단기 취업을 통해 생활비를 충당한다. 이들은 단순한 관광객이 아니다. 일정 기간 한국 사회 속에서 살아가며, 한국에 대한 이해와 호감을 키우는 잠재적 이주자들이다.

그러나 현실의 장벽은 높다. 워킹홀리데이로 들어온 외국 청년들은 대체로 불안정한 주거 환경에 놓인다. 단기 임대가 어려워 고시원이나 쉐어하우스에 머무르는 경우가 많고, 주거 비용이 생활비의 큰 비중을 차지한다. 안정된 주거가 보장되지 않으면 경험은 '도전의 기회'가 아니라 '힘겨운 생존'으로 변한다. 이는 결국 한국에 대한 이미지에도 부정적인 영향을 미친다.

여기서 공공임대주택은 새로운 가능성을 제공한다. 일부 공공임대주택을 단기 체류 외국 청년에게 개방한다면 어떨까? 빈집으로 방치되는 주택을 활용해 안전하고 합리적인 가격의 주거 공간을 제공한다면, 워킹홀리데이 참여자들은 훨씬 안정적으로 한국 생활을 경험할 수 있다. 이는 곧 한국에 대한 호감과 장기 체류 가능성을 높인다.

실제로 일본은 일부 지자체에서 해외 청년을 위한 단기 임대주택 프로그램을 운영하고 있다. 그들은 언어학교와 연계하여 거주지를 제공하고, 지역 사회 활동에도 참여하도록 돕는다. 이 결과 많은 외국 청년이 일본에 긍정적 경험을 갖고, 유학이나 취업으로 이어졌다. 한국도 충분히 참고할 수 있는 모델이다.

워킹홀리데이 참여자들은 단순한 방문자가 아니라, 한국 사회가 미래에 품을 수 있는 잠재적 인재다. 이들은 한국 문화에 호감을 가지고 돌아가 한국의 '민간 외교관' 역할을 하기도 하고, 일부는 다시 돌아와 한국 기업에 취업하거나 창업을 시도하기도 한다. 특히 인구 감소와 지방소멸이 심화되는 지금, 외국 청년들을 지역 사회로 유입시키는 것은 새로운 활력의 원천이 될 수 있다.

예를 들어, 지방 소도시의 공실 임대주택을 워킹홀리데이 참여자에게 제공한다면 어떨까? 그들은 지자체가 고용하여 지역 학교에서 교육의 불평등에 내몰린 아이들에게 교육활동을 하거나, 일손이 부족한 지역 중소기업에 취업하여 경제활동을 한다면 쇠퇴하고 있는 지방에 고급인재의 유입으로 변화의 시작점이 될 수 있다.

워킹홀리데이는 단순히 여행하며 돈을 버는 제도가 아니다. 그것은 젊은 세대가 새로운 나라와 문화를 경험하며, 미래의 삶의 방향을 탐색하는 창구다. 한국 청년들이 호주와 캐나다에서 정착의 길을 열었던 것처럼, 이제는 외국 청년들이 한국에서 새로운 가능성을 찾을 차례다. 공공임대주택을 활용한 안정적 주거 지원은 그 첫걸음이 될 수 있다.

5부

이민자를 포용하는 대한민국으로 변화할 시기

1. 이민자는 영화 속 빌런이 아니다

2. 왜 이주민과 이주노동자인가

3. 미래 도시의 성공 조건

1. 이민자는 영화 속 빌런이 아니다

　우리가 일반적으로 영화에서 캐릭터 상으로 존재하는 악당을 '빌런'으로 칭한다. 하지만 역사적으로나 어원적으로 근원을 찾아가면, '빌런'은 주류에서 밀려난 고대의 '노예'나 중세의 '농노', 산업화 시대의 '노동자', 현대에서는 경제적으로 소외된 '이민자' 등으로 이해할 수 있다. 이들을 영화 공간에서 극단적 캐릭터로써 소비되는 악당, '빌런'으로 보는 것은 매우 편협한 시각이다. 도시는 하나의 거대한 시스템이다. 영화「매트릭스」에서는 시스템의 루틴과 안정성을 자극하는 이질적인 무엇을 '빌런'으로 간주한다. 그런 의미에서 도시라는 거대한 시스템의 보호를 받지 못하면서 통제된 삶을 강요받는 대상, 그러나 독자적 생존을 도모할 수 밖에 없는 대상은 누구나 '빌런'이 되는 것이다.

　이런 의미에서 우리가 거주하는 도시 속 빌런들은 매우 다양한 양상을 띤다. 이 책에서 우리의 눈길을 가장 먼저 끈 것이 바로 이주노동자들의 집단거주지이다. 대한민국은 선진국에 다다랐다. 다양한 국가에서 대한민국에서 일자리를 찾고 있고, 이미 이들은 산업의 중요한 축을 이루고 있다. 외면하고 싶어도 외면할 수 없는 이방인과의 동거는 그 자체로 쉽지않은 과정이다. 이들을 영화의 빌런처럼 혐오의 대상으로 본다면, 이들은 도시라는 시스템의 배제 대상일 뿐이다. 하지만 이주노동자들은 이미 시스템을 위해 반드시 필요한 존재가 되었으며, 그들이 가진 이방성이 우리를 다소 불편하게 할 뿐이다.

'공존'이라는 문제의식으로부터 이주노동자를 바라보기 위한 첫 질문은 '과연 우리는 이들을 이웃으로 받아들일 준비가 되어 있는가', '이민자를 위한 대한민국은 존재하는가'이다. 대한민국의 이주노동자는 이미 함께 살아가는 이웃이 되었지만 이들을 받아들이지 못하는 시스템의 문제를 점검해 봐야 할 시점이다. 영화 「매트릭스」 시리즈의 제로원은 빌런 제거 프로그램인 '스미스 요원'의 폭주로 시스템 붕괴 직전에 가서야 결국 인류와 함께 가기로 타협한다. 스웨덴은 이미 배제의 정책으로 시스템의 위협을 초래하고 있다. '빌런'은 그들이 아니라 우리 내부의 잘못된 시스템 자체인 것이다. 이제 우리의 도시도 다가올 미래를 준비해야 한다.

스웨덴의 복지국가 모델은 제도화된 평등과 보편적 복지를 앞세우며 안정적인 질서를 구축하려 했다. 그러나 난민과 이주민이 대거 유입되자, 제도 밖의 이방 집단이 '빌런'으로 규정되었다. 이들은 제도 속으로 충분히 흡수되지 못한 채 주변부에 밀려나면서, 사회적 낙인과 차별을 감내해야 했다. 그 과정에서 특정 지역은 범죄와 치안 불안의 공간으로 재현되었고, 도시 내부에 경계선이 그어졌다. 이는 곧 '제도화된 질서'가 균열되는 지점이었으며, 배제된 빌런의 공간이 도시의 불안과 가능성을 동시에 드러내는 장이 되었다.

이와 같은 현상은 한국의 다문화 밀집 지역을 바라보는 일반적인 시선 속에도 녹아 있다. 서울 대림동이나 경기 안산 원곡동은 한국 내 대표적인 이주민 거주지로, 언론에서는 종종 "치안 불안"이나 "슬럼화"라는 부정적 이미지로 묘사되어 왔다. 그러나 현장을 자세히 들여다보면, 이곳은 단순히 사회적 문제의 집적지가 아니라 새로운 경제와 문화가 생성되는 공간이기도

하다. 대림동의 중국동포 상권은 다국적 식당과 상점이 밀집하여 서울 시민들에게 새로운 음식 문화와 소비 문화를 제공하고 있으며, 원곡초등학교의 경우는 한국의 미래 다문화 사회를 미리 보여 주는 거울이 되고 있다. 즉, 이주민 밀집지는 배제와 낙인의 공간인 동시에, 한국 도시가 앞으로 직면할 다문화 전환의 시험장이기도 하다.

따라서 스웨덴의 몰락을 단순히 "이민자의 과잉 수용"으로만 읽는 것은 적절하지 않다. 그것은 도시의 경계에서 발생하는 갈등을 어떻게 바라보고 관리할 것인가에 실패한 사례로 해석해야 한다. 배제된 집단이 만들어 내는 공간을 무조건 억압하거나 봉쇄하기보다는, 그 속에 잠재된 회복과 재구성의 가능성을 발견해야 한다는 것이다. 도시의 진짜 위기는 '빌런'의 존재 그 자체가 아니라, 그들을 사회의 일부로 받아들이지 못하는 시스템의 독점적 시선에서 비롯된다.

2. 왜 이주민과 이주노동자인가

　21세기 한국 도시의 미래를 이야기할 때, 이주민과 이주노동자를 단순한 '타자'로 보는 시선은 이미 시대착오적이다. 한국 사회는 저출산과 고령화라는 구조적 위기를 직면하고 있다. 통계청의 장래인구특별추계(2023)에 따르면, 2025년을 전후해 전체 인구는 정점을 찍고 감소세로 전환하며, 생산가능인구(15~64세)는 이미 줄어들기 시작했다. 특히 건설·제조·돌봄·서비스업 등 노동집약적 산업은 내국인만으로는 인력 수급을 유지하기 어려운 상황에 놓여 있다. 이주노동자는 이 공백을 메우는 필수적 존재이며, 단순한 대체 인력이 아니라 도시와 국가의 기능을 유지하는 축이 되고 있다.

　그러나 이들의 존재 이유는 단지 '노동력 보충'에 그치지 않는다. 도시의 재생과 지속가능성 차원에서도 이주민은 중요한 역할을 한다. 소멸 위험이 큰 지방 도시에서 이주민 가정은 학령인구 감소를 완화하고, 지역 경제에 활력을 불어넣는다. 충북 충주에서는 미분양 아파트를 외국인 근로자와 다문화 가정을 위한 임대주택으로 전환한 사례가 보고된 바 있으며, 이는 공실 문제를 해결하는 동시에 지역 정주 기반을 강화하는 효과를 낳았다. 이처럼 이주민은 지방 소멸을 늦추고, 지방도시의 생존 전략에 기여할 수 있다.

사회문화적 측면에서도 이주민은 '변화의 촉매'로 작용한다. 서울 대림동이나 안산 원곡동과 같은 다문화 밀집지는 치안 불안이나 슬럼화라는 부정적 이미지에도 불구하고, 새로운 음식문화와 생활양식이 생성되는 공간이다. 다문화 공간은 한국 도시가 국제도시로 변모하는 과정에서 겪게 될 필연적 시험장이며, 이를 어떻게 관리하고 수용하느냐가 미래의 도시 경쟁력을 좌우한다.

결국 이주민과 이주노동자는 한국 도시의 '주변부'가 아니라 미래를 여는 '중심부'가 되어야 한다. 저출산·고령화로 인한 인구구조의 위기, 노동력 부족으로 인한 산업의 불안정, 지방소멸이라는 국가적 과제를 고려할 때, 이주민을 외부자나 잠재적 위험 요인으로만 바라보는 시선은 더 이상 유효하지 않다. 오히려 그들을 정주민, 이웃, 그리고 도시의 미래 주체로 포섭하는 것이야말로 지속가능한 발전의 전제조건이다.

이주민은 제도와 권력의 경계에 놓여 빌런으로 규정되기 쉽다. 그러나 이들이 점유하는 공간은 새로운 질서와 문화가 태어나는 경계이자 가능성의 자리다. 도시의 성공은 이 경계를 봉쇄하는 것이 아니라, 경계 위에서 피어나는 다양성을 제도적으로 관리하고 사회적 자산으로 전환할 수 있는가에 달려 있다. 따라서 이주민과 이주노동자에 대한 관심과 포용은 단순한 인도주의적 과제가 아니라, 도시의 미래와 성공을 위한 필수적 토대가 된다.

이 지점에서 정책적 결론이 도출된다. 이주민 정책은 더 이상 개별 부문에서의 임시적 처방으로는 충분하지 않다. 주거의 안정, 교육의 포용, 노동시장의 통합이 동시에 설계되어야 하며, 이는 도시계획과 사회통합 전략의 핵심 과제가 된다. 다시 말해, 이주민을 포함한 도시의 미래 전략은 '주거·교육·노동의 삼각축'을 통합적으로 관리하는 방향으로 나아가야 한다.

3. 미래 도시의 성공 조건

앞서 살펴본 논의가 보여 주듯, 한국 도시의 미래는 단순한 성장 전략이나 주택 공급 확대만으로 보장되지 않는다. 인구 구조의 변화와 산업 현장의 위기, 그리고 다문화 전환이라는 거대한 흐름 속에서 도시가 살아남고 번영하기 위해서는 새로운 성공 조건을 갖추어야 한다. 이는 경제적 논리와 사회적 통합, 그리고 문화적 다양성을 함께 고려하는 복합적 과제다.

첫째, 다양성을 억누르지 않고 제도 속에서 관리하는 도시가 되어야 한다. 스웨덴의 경험이 보여 주듯, 개방만으로는 충분하지 않다. 반대로 억압과 봉쇄만으로도 해결책은 나오지 않는다. 이주민을 제도 밖의 '빌런'으로 방치하는 대신, 도시의 제도와 규범 속에서 포용해야 한다. 학교 교육에서 언어 교육과 문화 교류 프로그램을 강화하고, 지역 사회가 이주민을 공동체의 일부로 받아들일 수 있는 공간 설계를 병행해야 한다. 다양성은 갈등의 원인이 아니라 창조적 자원의 토대가 될 수 있다.

 둘째, 주거·교육·노동을 결합한 통합적 정책이 필요하다. 주거는 단순히 거주의 문제가 아니라, 교육과 노동의 기반이다. 이주민 가정이 안정적인 주거를 확보할 때, 자녀들은 교육 기회를 통해 사회에 더 잘 정착할 수 있으며, 부모들은 안정된 노동 활동을 이어갈 수 있다. 반대로 주거 불안정은 교육 격차와 노동 시장 차별을 심화시킨다. 따라서 공공임대주택 정책은 주거 안정뿐 아니라, 교육 지원과 직업 훈련을 연계하는 종합적 접근으로 설계되어야 한다.

 셋째, 공공임대·지역재생·이민정책의 유기적 연결이 요구된다. 지방 소멸 위기에 놓인 지역은 이주민을 새로운 정주 집단으로 수용함으로써 학령인구 감소와 지역 경제 침체를 완화할 수 있다. 공공임대주택 정책은 지역 재생 전략과 맞물려야 하고, 이민 정책과도 일관성을 가져야 한다. 그래야만 이주민 정착이 도시 발전의 동력으로 기능할 수 있다.

 넷째, 도시계획 단계에서부터 '경계 없는 공존' 원칙을 반영해야 한다. 지금까지의 도시계획은 내국인 중심의 중산층 모델에 최적화되어 있었다. 그러나 다문화 사회로 전환하는 과정에서는 계획 단계에서부터 이주민의 거주, 노동, 생활 공간을 고려해야 한다. 이는 특정 지역으로의 집중이나 게토화를 방지하고, 분산형·통합형 모델을 통해 지역사회 내에서 자연스럽게 교류가 이루어지도록 만드는 방향이다.

다섯째, 사회적 갈등 관리와 주민 참여가 중요하다. 이주민 정책은 종종 내국인 주민의 반발과 님비(NIMBY) 현상에 직면한다. 이를 최소화하기 위해서는 정책 결정 과정에서 주민이 배제되지 않고, 지역 공동체가 함께 참여할 수 있어야 한다. 주민설명회, 지역협의체, 마을 단위의 문화 교류 프로그램 등을 통해 신뢰를 쌓아가는 과정이 필수적이다. 공존은 제도적 설계뿐 아니라, 일상의 경험 속에서 구체적으로 체화될 때 비로소 현실이 된다.

결국 한국 도시의 미래 성공 조건은 이주민을 "필수 불가결한 동반자"로 인정하고, 그들의 정주를 도시 발전의 전략적 기반으로 삼는 데 있다. 인구 감소와 노동력 부족이라는 구조적 위기는 이주민을 배제한 채 해결할 수 없다. 오히려 이주민을 사회 속에서 이웃으로 포섭할 때, 도시의 회복력과 경쟁력이 함께 강화된다.

이러한 조건들을 충족시킬 때, 한국 도시는 단순한 생존을 넘어, 다양성과 관용을 기반으로 한 진정한 성공의 도시로 나아갈 수 있을 것이다.

포용은 제도의 변화로 시작해 사람의 변화로 완성된다.

이민자를 위한 대한민국(임대주택)은 없다

ⓒ 정동훈, 이재혁, 손녕희, 2025

초판 1쇄 발행 2025년 12월 9일

지은이	정동훈, 이재혁, 손녕희
펴낸이	이기봉
편집	좋은땅 편집팀
펴낸곳	도서출판 좋은땅
주소	서울특별시 마포구 양화로12길 26 지월드빌딩 (서교동 395-7)
전화	02)374-8616~7
팩스	02)374-8614
이메일	gworldbook@naver.com
홈페이지	www.g-world.co.kr

ISBN 979-11-388-5026-1 (03330)

- 가격은 뒤표지에 있습니다.
- 이 책은 저작권법에 의하여 보호를 받는 저작물이므로 무단 전재와 복제를 금합니다.
- 파본은 구입하신 서점에서 교환해 드립니다.